Da Solo Nel Buio
Short Stories to Help you Learn Italian

ISBN: 9798586578723
Imprint: Independently published

Seminterrato

Nessuno **aveva il permesso** di scendere nel **seminterrato**. Era chiuso per bene, e solo una persona ne aveva la **chiave**. Quella persona, ormai, era andata via da tempo.

La casa era alla fine dell'**isolato**. Nessuno ci entrava mai, e nessuno ne usciva; o almeno, così si diceva.

Lisa passava davanti alla casa ogni giorno per andare dalla sua amica. Passandoci davanti la osservava, con le sue finestre rotte. Erano ricoperte di **polvere**. Non venivano lavate da anni. Le sembrava strano, però, che le finestre del seminterrato sembrassero nuove di zecca, pulite sia dall'interno che dall'esterno.

Si fermò di fronte alla casa, impalandosi lì ad osservarla come in trance: non aveva mai fatto una cosa del genere **prima** di allora. Era sicura che stesse chiamando il suo nome.

Sentì il suo nome trasportato dal vento, ma **nei paraggi** non c'era nessuno.

Basement

No one **was allowed to** go down in the **basement**. It was locked up tight, and only one person held the **key**. That one person was long gone.

The house sat all the way down the **block**. No one ever went in, and no one ever came out; at least that's how the story went.

Every day, Lisa would walk past the house to go to her friend's. She would look at it, with its broken windows. **Dust** clinging to them. They hadn't been washed in years. She found it crazy, though, that the basement windows looked brand new, washed inside and out.

She stopped in front of the house, standing there and staring at it as if she were in a trance, something she had never done **before**. She was sure that it was calling her name.

She heard her name in the wind, but there was no one **around**.

Le nuvole si stavano avvicinando. Stava per iniziare a piovere, e lei doveva tornare a casa per cena: era per quello che era andata via dalla casa della sua amica prima del solito.

The clouds were coming in. Soon it was going to rain, and she had to be home for dinner; the reason why she left her friend's house early.

Guardò lungo la strada, individuando casa sua e contando le altre.

She looked down the street to her house, counting them.

Cinque altre case le separavano.

Five houses away.

Si avvicinò sempre di più alla casa: voleva tornare a casa sua, ma voleva anche scoprire quale storia si celasse dietro quella abbandonata.

She moved closer and closer to the house, wanting to go home but wanting to see what the story was.

Non credeva alle storie di **fantasmi**. Forse sarebbe riuscita a provare a tutti che, in realtà, lì non c'era niente di strano. Sarebbe stata la prima ad uscire da quella casa.

She didn't believe in **ghost** stories; maybe she could prove to everyone there was nothing there. She would be the first one to come out of the house.

Rise al suo stesso pensiero, prese una **pietra** e infranse la finestra del seminterrato con facilità. Il vetro ricoprì il pavimento, e lei si calò dalla finestra.

She laughed at the thought as she took a **rock** and broke the basement window easily. Glass layered the floor as she climbed in through the window.

Era **vuoto**. Beh, quasi vuoto.

It was **empty**. Well, almost empty.

6

Sul pavimento c'erano delle impronte impresse sulla polvere. E non impronte qualsiasi: **impronte di piedi**. Avrebbe dovuto considerarle un **avvertimento**.

There were dust prints on the floor. Not just any dust prints. **Footprints**. She should've taken it as a **warning**.

Invece le seguì, e la portarono ad un **buco** nel muro. I mattoni che un tempo formavano il muro erano stati divelti, e su di essi era stato scritto qualcosa.

She followed them instead, and they led her to a **hole** in the wall. Bricks had been taken out. Words were written on them.

"Morto, ma non dimenticatemi. È troppo tardi per andar via. Questa è la nostra casa, adesso." Ne lesse un paio man mano che li spostava.

"Dead but don't forget me. It's too late to leave. This is our home now." She read a few of them as she tossed them.

Prese il suo **cellulare** ed accese la torcia.

Taking out her **cell phone**, she put the flashlight on.

Decidere di entrare dentro il buco fu il suo secondo errore.

Climbing into the hole was her second mistake.

Ossa ovunque. In ogni angolo dello spazio c'erano tre o quattro persone. Si girò per tornare al buco e scappare da quel posto.

Bones everywhere. Three or four people were in each corner of the space. She went to turn away. Went to go climb out of the hole.

Non c'era nessun buco!

There was no hole!

C'era solo un muro. Lo spinse **con tutte le sue forze**, ma quello non cedette di un millimetro.

It was just a wall. She pushed against it with **all her might**. It wasn't budging.

"Fatemi uscire!" urlò, con la voce tremante dalla paura.

È qui che nascondiamo i **cadaveri**. *Le persone scomparse che sono state date per scappate di casa.*

Spalle contro al muro, puntò la sua torcia verso gli angoli della stanza.

Le ossa stavano tornando in vita!

Presto sarai morta. È passato tanto tempo dal nostro ultimo **dolcetto**.

Se avesse avuto il potere di tornare indietro nel tempo, sarebbe passata avanti come tutti gli altri. Avrebbe **fatto finta** che la casa non fosse stata lì.

Ci si sente soli, quaggiù. Siamo stati qui per anni senza che qualcuno venisse a cercarci. Nessuno sa che siamo qui, e presto tu sarai tra gli **scomparsi**. *Smetteranno di cercarti. Potrai sentirli chiamare il tuo nome dall'esterno, ma* **per quanto ci provi**, *nessuno ti sentirà mai. Le urla degli spiriti non esistono,*

"Let me out!" she shouted, fear in her voice.

This is where we hide the **dead bodies**. *The missing that they assume just ran away.*

She pressed her back against the wall and shined her flashlight.

The bones were coming alive!

Soon you will be dead. We haven't had a **sweet treat** *in a long time.*

If she could have turned back time, she would've just walked away like everyone else. **Pretended** the house wasn't there.

It's lonely down here. For years we've been here with no one coming in to look for us. No one knows that we are here, and soon you will be among the **missing**. *They will stop looking for you. You will be able to hear them calling your name from the outside, but* **try as you might**, *no one will ever hear you. The screams of spirits*

nel mondo esterno. Siamo qui da sempre.

Provò e riprovò a spingere il muro: il buco doveva essere lì, da qualche parte. Solo a tarda sera si rese conto che non c'era alcuna via di fuga.

Addormentarsi fu la cosa peggiore che avesse potuto fare.

Non si svegliò mai più. Non riuscì mai ad uscire per raccontare di ciò che aveva trovato. Gli assassinati, le vecchie vittime del proprietario originale della casa. Il motivo per cui il seminterrato era sempre stato tenuto chiuso a chiave.

Fine

don't exist to the outside world. We've been down here forever.

She tried again and again to push against the wall; the hole had to be there somewhere. It wasn't until late in the evening that she realized there was no escape.

Falling asleep was the worst thing she could've done.

For she never woke up, she never got out to tell the story of what she had found. The murdered, the victims from long ago of the one who had owned the house. The reason why the basement always stayed locked.

The End

Vocabulary

Seminterrato	Basement
Avere il permesso	To be allowed to
Chiave	Key
Isolato	Block (of houses)
Polvere	Dust
Prima	Before
Nei paraggi	Around
Fantasma	Ghost
Pietra	Rock
Vuoto	Empty
Impronta di piede	Footprint
Avvertimento	Warning
Buco	Hole
Cellulare	Cell phone
Con tutte le sue forze	All her might
Cadavere	Dead body
Dolcetto	Sweet treat
Far finta	To pretend
Scomparso	Missing
Per quanto ci provi	Try as you might

Prigioniero

Entrarono nella vecchia prigione. L'estate era appena iniziata. La prigione era abbandonata e loro erano solo in due: Kylie e Destiny.

"Non capisco perché dobbiamo farlo." **borbottò** Destiny.

Non era di certo la parte migliore della sua giornata.

"Voglio vedere com'è all'interno", le rispose Kylie **lamentandosi**.

Kylie era un'amante dell'avventura, Destiny no.

Oltrepassarono il **cancello**. Ormai non potevano più tornare indietro. Il cartello di metallo **arrugginito** che ordinava "Vietato entrare" non fu sufficiente a dissuaderle.

Camminando lungo i blocchi di celle, Destiny non ci mise molto per capire che voleva andare via da quel posto.

"Guarda!" **Urlò**, la sua voce rimbalzando da un muro all'altro.

Prisoner

They entered the old prison. Summer had just started. It was an abandoned prison. Just the two of them, Kylie and Destiny.

"I don't know why we have to do this," Destiny **grumbled**.

It wasn't the highlight of her day.

"I want to see what it looks like on the inside," Kylie **whined** at her.

Kylie was for adventure, and Destiny was not.

They went through the **gate**. There was no turning back now. The **rusted** metal sign, "Keep out," didn't keep them out.

Walking up and down the cell blocks, it didn't take Destiny long to see that she wanted to get out of there.

"Look!" she **cried out**, her voice echoing off the walls.

In una delle celle c'erano dei resti umani, e man mano che passavano davanti alle altre, videro dei resti addirittura appesi alle sbarre.

"Qualcuno avrebbe dovuto pulirle, probabilmente." Destiny **stava tremando**. Non aveva mai visto delle ossa umane, prima di allora.

Andarono in quello che sarebbe stato l'ufficio del direttore della prigione, se non fosse stata abbandonata.

Frugando nei **cassetti**, Kylie trovò dei documenti che descrivevano i decessi avvenuti nella prigione.

Le foto erano **raccapriccianti**. Alcune mostravano il direttore sorridente in posa accanto ai **detenuti** morti.

"Nessuno ha mai denunciato queste morti!" Kylie sussultò, i suoi occhi spalancati.

"Omicidio **a sangue freddo**." disse Destiny trasalendo.

There were human remains in one of the cells, and as they passed more, they saw remains of some even clinging to the bars.

"You'd think that someone would clean these out." Destiny **was shaking**. She'd never seen human bones before.

They went to the office where the warden would have been if it wasn't abandoned.

Going through the **drawers**, Kylie found papers that described the deaths.

The pictures were **gruesome**. There were pictures with the warden smiling next to the dead **inmates**.

"No one had called these in," Kylie gasped, her eyes growing wide.

"**Cold-blooded** murder," Destiny winced.

Sentirono un rumore forte, quasi assordante. Come una tazza di metallo che veniva fatta passare su e giù lungo le sbarre delle celle.

Qualcuno stava cantando.

"Chi potrebbe essere?" chiese Destiny, con una voce mugolante.

Aveva paura.

Anche Kylie aveva paura, ma non lo avrebbe mai ammesso. Non aveva intenzione di far venire un **attacco di panico** a Destiny.

"Entrano, ma non escono mai. Entrano, e non escono mai più." La voce **si stava avvicinando**. Il rumore metallico della tazza contro le sbarre stava diventando sempre più forte.

Si **accovacciarono** sotto la scrivania. La porta dell'ufficio si aprì, e le ragazze si strinsero forte l'una all'altra.

"So che siete qui. Vi ho sentite entrare. Il cartello dice di non entrare." Qualcuno saltò sopra la scrivania e si abbassò a guardare le ragazze.

There was a loud banging sound. Like a metal cup running up and down the bars.

Someone was singing.

"Who could it be?" Destiny asked, whimpering.

She **was scared**.

Kylie was scared, too, but she wasn't going to admit it. She wasn't going to put Destiny into a **panic attack**.

"They come in, but they never come out. They come in, and they never come out." The voice **was getting closer**. The clanging of the cup against the bars getting louder.

They **ducked down** under the desk. The door to the office opened, and the girls held each other tightly.

"I know you're here. I heard you come in. The sign says keep out." Someone jumped onto the desk and looked down over the girls.

13

Il direttore!

"Avete scoperto il segreto, ed ora non potete andare via. Avete firmato la vostra condanna nell'istante in cui avete varcato il cancello." Il direttore le **guardò adirato**.

"Non lo diremo a nessuno." Destiny iniziò a piangere, quando il direttore scese dalla scrivania con un balzo con il suo telefono in mano.

Prese la **spada** che gli piaceva usare dal muro in cui era appesa. Con un **singolo, rapido movimento** la **lama** scese sulle loro teste.

Le urla di Destiny si fermarono di botto, quando venne decapitata. Il direttore appoggiò le loro teste sulla scrivania e scattò un selfie.

"Entrano, ma non escono mai."

Il direttore continuò a cantare anche mentre usciva dall'ufficio. Iniziò ad aspettare le sue prossime vittime, vittime che avrebbero commesso lo stesso errore delle ragazze.

The warden!

"The secret is out, and now you can't leave. You couldn't leave from the second you entered." The warden **glared down** at them.

"We won't tell anyone." Destiny began crying when the warden jumped off the desk with his phone in his hand.

He took the **sword** that he liked to use down off the wall. **With one swift motion** the **blade** came down over their heads.

Destiny's screams cut off when she was decapitated. The warden put their heads on the desk and took a selfie.

"They come in, but they never come out."

The warden continued to sing as he left the office and began to wait for the next victims that were going to make the same mistake that the girls had.

Quelli che entravano erano sempre giovani, adolescenti. Nessuno prestava mai attenzione all'avviso.

Il direttore completò la sua ronda **fischiettando** un motivetto allegro. Non c'era nessuno ancora, ma la cosa sarebbe cambiata entro il suo ultimo giro prima del calar della sera.

Succedeva sempre così. La prigione era stata abbandonata. Non c'era più nessuno ad occuparsene. I segreti sugli omicidi e ciò che era successo al suo interno venivano sempre scoperti.

Non poteva permettere loro di andar via, non poteva **rischiare** che qualcuno aprisse la bocca e parlasse di quello che succedeva lì dentro.

Quello che succedeva erano omicidi. Secondo il direttore, una vacanza dietro le sbarre non era davvero giustizia. Occhio per occhio, dente per dente.

I detenuti venivano uccisi nello stesso modo in cui avevano ucciso le loro vittime.

They were all young teens, the ones that came in. Never once heeding the warning.

The warden **whistled** a happy tune as he made his rounds. There was no one there, but there would be by the time that he made his last round for the night.

It always happened that way. The prison was abandoned. No one to keep up on it. The secrets of murder and what happened in the prison were always found out.

He couldn't let them leave; he couldn't **risk** anyone opening their mouths about the time spent at the prison.

Murder was what took place. According to the warden, being behind bars wasn't justice. An eye for an eye and a tooth for a tooth.

The inmates were killed exactly how they killed their victims.

Il direttore non avrebbe mai permesso che il segreto uscisse da quelle mura.

The warden would never let the secret out.

Fine

The End

Vocabulary

Borbottare	To grumble
Lamentarsi	To whine
Cancello	Gate
Arrugginito	Rusted
Urlare	To cry out
Tremare	To shake
Cassetto	Drawer
Raccapricciante	Gruesome
Detenuto	Inmate
A sangue freddo	Cold-blooded
Avere paura	To be scared
Attacco di panico	Panic attack
Avvicinarsi	To get closer
Accovacciarsi	To duck down
Guardare adirato	To glare down
Spada	Sword
Con un singolo, rapido movimento	With one swift motion
Lama	Blade
Fischiettare	To whistle
Rischiare	To risk

Luna Park

Gli **specchi** erano **fantastici**. Erano una delle cose che ad Alicia piacevano, quando si parlava di luna park. Gli specchi le mostravano quanto fosse magra, o quanto fosse bassa. Il suo naso era più grande degli occhi quando vi si avvicinava, ed i suoi occhi diventavano dei piccoli, **minuscoli** puntini quando si allontanava.

Riuscivano ancora a stupirla, anche se ormai aveva quindici anni.

Mentre andava via sentì qualcosa. Sembrava che qualcuno **sussurrasse** il suo nome. Alicia guardò lo specchio al quale stava ormai dando le spalle.

Alicia, vieni a giocare.

Le parole furono ripetute più e più volte.

Ridacchiò, chiedendosi se fosse uno scherzo che **le stavano giocando** i suoi amici. Un **trucco**, forse.

Carnival

The **mirrors** were **amazing**. One of the things that Alicia liked, the mirrors, when it came to carnivals. Showing how skinny she was or how short she was. How thin she was or how fat she was. Her nose was bigger than her eyes when she moved in close, and her eyes were little, **tiny** dots when she moved further away.

Even at fifteen years old, she was still amazed by them.

As she began to leave, she heard something. It sounded like someone **whispering** her name. Alicia looked at the mirror that she was about to leave.

Alicia, come play.

The words were repeated again and again.

She giggled, wondering if it was some kind of joke that her friends were **playing on her**. **A trick**, maybe.

18

Appoggiò il viso contro la superficie dello specchio e, con sua grande sorpresa, la sua testa la **attraversò**.

She pressed her face against the mirror and found her head going **through** it.

Urlò, ma nessuno poteva sentirla da quella parte dello specchio.

She screamed, but no one could hear her on this side.

Nessuno aveva visto cosa era successo? Nessuno aveva pensato che fosse strano che la sua testa fosse bloccata dentro uno specchio?

Didn't anyone see anything that was going on? Didn't anyone think that it was weird that her head was stuck in the mirror?

Non riusciva a sentire alcun rumore dall'altro lato dello specchio.

She couldn't hear anything — nothing from the other side.

"Aiuto!" urlò, cercando di tirar fuori la sua testa dallo specchio.

"Help me!" she shouted, trying to pull her head back through the mirror.

Rendendosi conto che non ci sarebbe riuscita, **sentì** il suo cuore battere ancora più velocemente. Sentì i suoi occhi dilatarsi. C'era troppo **buio**, non riusciva a vedere ad un palmo dal naso.

Realizing she couldn't, she **felt** her heart beating quickly. She felt her eyes growing wider. It was too **dark**, she couldn't see anything.

"Devi venire a giocare con noi, Alicia. Tu ci hai sentiti."

"You've come to play with us, Alicia. You have heard us."

La voce era morbida e bassa. Era calda, ma non come un semplice respiro… Era calda come il fuoco.

The voice was soft and low. It was hot, not just hot like breath, but hot like fire.

"Voglio andare a casa." Ingoiò il **nodo che aveva in gola**.

Stava sudando.

"Qui non si torna a casa."

Con quelle parole si sentì tirata sempre più dentro lo specchio. Non vi era alcun modo di fermare quella trazione, nonostante cercasse di **combatterla**.

Vide una luce, una piccola luce che le veniva incontro.

Presto la luce fu così forte che dovette coprirsi gli occhi.

Degli scheletri le danzavano intorno. Si **tenevano per mano**, ballando al ritmo di una musica che lei non riusciva a sentire.

Fu allora che si rese conto che un tempo dovevano essere stati dei ragazzi.

"Voglio andare a casa!" urlò.

Ma loro non la stavano ascoltando. Girandosi si rese conto che lo specchio era svanito. La stanza aveva

"I want to go home." She swallowed the **lump in her throat**.

She was sweating.

"We don't go home here."

With that, she felt herself being pulled further into the mirror. There was no stopping the pull, though she tried to **fight it**.

She saw a light, a small light coming towards her.

Soon it was so bright that she had to shield her eyes.

There were skeletons dancing around. They were **holding hands** in a circle, dancing to the music she couldn't hear.

It was then that she realized that all of them had been young.

"I want to go home!" she screamed.

But they weren't listening. Turning around, the mirror was gone. The room began to heat

iniziato a riscaldarsi, e lei sentiva sempre più caldo ogni istante che passava.

"*Nessuno va via da qui,*" gli scheletri cantavano, sempre più sonoramente.

Ripeterono la loro litania così tante volte che lei dovette coprirsi le orecchie, scuotendo la testa avanti e indietro.

Capì come fossero diventati degli **scheletri** così rapidamente.

Si erano **sciolti**.

Alicia scostò le mani dalle orecchie quando si rese conto che le sue braccia si stavano sciogliendo. La sua **pelle** si stava sciogliendo!

Non faceva male, non sentiva il minimo dolore, se non lo shock di ciò che le stava succedendo. Non riusciva a credere che fosse tutto reale.

Si rifiutò di credere che tutto quello fosse reale. Che una cosa del genere potesse succedere davvero.

"NO!" urlò a pieni polmoni.

up. She was getting hotter and hotter.

"*No one gets to leave here,*" the skeletons sang, louder and louder.

They sang it so much that she had to cover her ears, shaking her head back and forth.

She realized how they had become **skeletons** so quickly.

They had **melted**.

Alicia took her hands away from her ears when she realized that her arms were melting. Her **skin** was melting!

It didn't hurt, she didn't feel an ounce of pain, but the shock of it all. She couldn't believe that it was real.

She refused to believe that it would be real. That it could be.

"NO!" she screamed at the top of her lungs.

Fu allora che **cadde** a terra.

Batté la testa, e le furono necessari diversi minuti per capire dove si trovasse.

Era in camera sua. Il sole splendeva attraverso la finestra, e la sua sveglia stava suonando.

Respirando a pieni polmoni e asciugandosi il sudore sul viso, si rese conto che era stato solo un sogno. Solo un orribile sogno.

Rise di se stessa e del suo comportamento così sciocco.

Le era sembrato così reale… Dietro lo specchio, tutto le era sembrato decisamente reale.

Alicia tremava ancora, quando riuscì a rimettersi in piedi.

"Dai, è stato solo un sogno," mormorò a se stessa mentre spegneva la sveglia.

Sentì qualcuno bussare alla porta.

"Entra," disse Alicia.

"Sei pronta per il luna park? So quanto ti piacciano gli

It was then that she **fell**.

She bumped her head, and it took her a few minutes to realize where she was.

In her own room, the sun shining, her alarm going off.

Breathing in and out, wiping the sweat off her face, she realized it had all been a dream. Just a horrible dream.

She laughed at herself for acting so silly.

It had seemed so real to her; everything had been real behind the mirror.

Alicia was still shaking when she got on her feet.

"Come on. It was just a dream," she muttered to herself as she shut the alarm off.

There was a knock on the door.

"Come in," Alicia called out.

"Are you ready? Are you ready to go to the carnival? I

specchi," disse la sua amica ridendo mentre entrava nella sua camera.

Il sorriso di Alicia le svanì dal volto.

Non si sarebbe avvicinata agli specchi per niente al mondo. Il sogno era stato più che sufficiente per farle capire che non tutto era come appariva.

"Magari gli specchi no, però potremmo salire su qualche **giostra**," rispose Alicia con un sorriso.

Niente più specchi per lei. Non quelli del luna park, almeno.

"Okay, da quanto non ti piacciono più gli specchi?" Chiese la sua amica buttandosi sul suo letto.

"Da oggi. Ormai siamo grandi per gli specchi." Alicia **scrollò le spalle** come ad indicare che non era una questione importante.

Non aveva alcuna intenzione di parlare del suo sogno con

know how much you love the mirrors," her friend laughed as she made her way into the room.

Alicia's smile faded from her face.

There was no way that she was going to go anywhere near the mirrors. The dream was enough to make her realize that not everything was as it seemed.

"Maybe not the mirrors, but we can definitely go on the **rides**," Alicia grinned.

There would be no mirrors for her anymore. Not when it came to the carnival, at least.

"Okay, since when do you not like the mirrors?" Her friend pounced on her bed.

"Since now. I think we're getting a little too old for the mirrors." Alicia **shrugged her shoulders** like it was no big deal.

She wasn't going to tell anyone about her dream.

23

qualcuno. Avrebbero pensato che fosse diventata pazza.

Un avvertimento così grande, e **proprio all'ultimo minuto**. Non voleva nemmeno chiedersi se il suo sogno si sarebbe avverato. Non voleva correre il rischio di scoprire che, forse, non era pazza.

"Visto che salteremo gli specchi, dovrai salire sulla giostra che sceglierò io." La sua amica la strinse forte, abbracciandola al collo.

"Mi sembra una buona idea," sorrise Alicia.

Basta che non fossero gli specchi.

Fine.

Everyone would think she was crazy.

Such a big warning, and **just in the nick of time**. She didn't even want to wonder if her dream would come true. She didn't want to take the chance that maybe she wasn't crazy.

"Since we are skipping the mirrors, you have to go on whatever ride I want." Her friend hugged her tight around the neck.

"Sounds good to me," Alicia smiled.

Just **as long as** it wasn't mirrors.

The End.

Vocabulary

Luna Park	Carnival
Specchio	Mirror
Fantastico	Amazing
Minuscolo	Tiny
Sussurrare	To whisper
Giocare uno scherzo a qualcuno	To play a trick on someone
Attraverso	Through
Sentire	To feel
Buoi	Dark
Avere un nodo in gola	To have a lump in the throat
Combattere	To fight something
Tenersi per mano	Holding hands
Scheletro	Skeleton
Sciogliersi	To melt
Pelle	Skin
Cadere	To fall
Giostre	Rides
Scrollare le spalle	To shrug your shoulders
Proprio all'ultimo minuto	Just in the nick of time
Bastare	As long as

Dolce Vendetta

Ora che l'aveva in pugno, non aveva più senso nascondersi il viso. Nessuno l'avrebbe sentita urlare, nessuno l'avrebbe mai più vista.

Le era lì, accanto al fuoco che lui aveva acceso sul retro. Aveva **le mani legate** dietro la schiena. Stava urlando con tutta l'aria che aveva nei polmoni.

"Nessun può sentirti. Ora avrai quello che meriti. Guarda cosa mi hai fatto!" **urlò** lui indicandosi il viso per ricordarle quello che aveva fatto.

"No, non è stata colpa mia," urlò lei, scuotendo la testa. Sentiva le lacrime scenderle sul viso. Sapeva che non era stata colpa sua.

"Lascia che ti rinfreschi la memoria su quella notte," **borbottò** lui.

*Lui era lì, in piedi di fronte alle ragazze. Gli avevano detto che avrebbero fatto un gioco con il **ghiaccio** e con il fuoco. E lui decise di partecipare. Avevano detto che sarebbe*

Sweet Revenge

He had her, there was no point in hiding his face. No one was going to hear her scream, no one was going to see her again.

There she was, beside the fire that he had created out back. **Her hands tied** behind her. She was screaming as loud as she could.

"No one can hear you. You're getting what you deserve. Look what you've done to me!" he **shouted**, pointing at his face, reminding her of what she'd done.

"No, it wasn't my fault," she cried, shaking her head. She felt the tears sliding down her face. She knew that it wasn't her fault.

"Let me take you back to that night," he **grunted**.

He was standing there in front of the girls. They told him they were going to play a little game of fire and ice. So, he played. They said it was going to be fun, that he would be

stato divertente, che il giorno dopo sarebbe stato il ragazzo più popolare della scuola. Lui si **era fidato** di loro.

Gli fecero chiudere gli occhi. Doveva tenerli chiusi: se fosse stato **beccato**, sarebbe stato fuori dal gioco. L'ultima cosa che voleva era essere il **perdente** che era già. Pensava che questo gioco lo avrebbe cambiato.

Chiuse gli occhi, e fu allora che sentì il **bruciore** sul viso, sulle guance, sul naso, ed aprì gli occhi: il bruciore arrivo anche lì dentro.

Gli stavano strofinando i **carboni ardenti** del fuoco sul viso, e nel mentre ridevano!

"Guardatelo, il **ragazzo sfregiato spaventoso**!" Risero ballandogli intorno, mentre lui **urlava sempre più forte**.

Gli gettarono dell'acqua addosso solo quando videro la sua **carne** bruciare. Lo inzupparono con secchiate di acqua gelida, che gli fecero sentire il dolore delle sue bruciature sul viso ancora più intensamente.

popular at school the next day. He **trusted** them.

They had him close his eyes. He had to keep them shut; if **caught**, he would be out of the game. The last thing he wanted was to be the **loser** that he was; he thought this game would change him.

He shut them tightly, and that's when he felt the **burning** across his face, the burning on his cheeks, his nose, and that's when he opened his eyes. The burning went inside.

They were rubbing the **coals** from the fire all over his face. They were laughing!

"Look at him, **scary scarred boy**!" They laughed and danced around him while he **screamed louder and louder**.

They didn't throw water on him until they saw his **flesh** burning off. They soaked him with buckets of ice water, making the burns hurt more across his face.

27

*Una volta finito il loro gioco, lo lasciarono lì. Lo lasciarono lì a marcire. La sua vista si **offuscò**; sapeva che stava piangendo, ma non riusciva a sentire le lacrime scorrergli sul viso. Non riusciva a sentire niente sul viso, se non la sensazione di bruciore.*

*They left him there when they were done. Left him there to rot. His vision **blurred**; he knew he was crying, but he couldn't feel the tears running down his face. He couldn't feel anything on his face but the burning sensation.*

"Lo sento sempre. Ed ora proverai quello che ho provato io. Sentirai quello che ho dovuto sentire io!" Le urlò.

"I feel it all the time. Now you're going to feel the same thing I do. You're going to feel what I have had to feel!" he shouted at her.

Lei scosse la testa avanti e indietro, chiudendo gli occhi. Non poteva **assomigliargli**. Quello che gli era successo era stato tanto tempo fa. Erano solo dei ragazzini.

She shook her head back and forth, closed her eyes tightly. She couldn't **look like** him. It had been long ago, what had happened to him. They were just kids.

"L'unica differenza è che tu avrai gli occhi aperti," le sussurrò in un orecchio.

"Only you're going to keep your eyes open," he whispered against her ear.

Aspettò fino a quanto i carboni diventarono belli caldi. **Braci** che avrebbero acceso un altro fuoco, ma non avrebbe fatto quello.

He waited until the coals were nice and hot. **Embers** that would ignite another fire, but that was not what he was going to do.

Prese uno spesso guanto da lavoro, uno che il fuoco non avrebbe bruciato. Prese le braci dalla buca. Senza mostrare alcuna **pietà**, tenne uno degli

He took a thick work glove, one that fire couldn't burn through. He picked the embers out of the pit. Showing no

occhi di lei aperto con una mano.

Le strofinò i carboni su tutto il viso. Le urla della donna erano musica per le sue orecchie. Non sentì un briciolo di **rimorso**, mentre continuava a passarle i carboni sul viso.

Più lei urlava e piangeva, più lui premeva con forza i carboni contro la pelle del suo volto. Poi, all'ultimo secondo, glielo spinse dritto sull'occhio aperto prima di afferrare il secchio di acqua gelida.

Gliela **spruzzò** sul viso, poi si allontanò.

"Questa è tutta opera tua. Sei stata tu a far succedere tutto questo," le disse prima di entrare dentro la casa.

Quella notte avrebbe dormito come un bambino, sentendo le urla di **dolore** a poca distanza. Le stesse urla che, anni prima, erano uscite dalla sua bocca.

Aiutarla sarebbe stato inutile. Loro non avevano aiutato lui. Sarebbe rimasta sfregiata a vita, proprio come era successo a lui.

mercy, he kept one of her eyes open with one hand.

He rubbed the coals all over her face. Her screams were music to his ears. He didn't feel any **remorse** as he continued to slide it.

The more she cried and screamed, the harder he pressed the coals against her face. Then, at the last second, he moved it right into her eye before getting the ice-cold bucket of water.

He **splashed** it on her face and then walked away.

"You did this to yourself. You are the one who made this happen," he told her and walked into the house.

He would sleep sound tonight, hearing the screams of **pain** from a distance. The same screams that once came from his own mouth.

There was no use in helping her. They never helped him. She was scarred for life. Just as he had been.

29

L'avrebbe fatta sentire infelice per il resto della sua vita, proprio come si era sentito lui fino a quella sera.Sul suo viso si aprì un ampio sorriso.

"Dolce vendetta," mormorò tra sé e sé mentre saliva le scale ed entrava nella sua camera da letto. Scostando il **lenzuolo** riusciva ancora a sentire le sue urla di agonia, sempre più intense.

Fine

He was going to make her feel just as miserable as he did every day for the rest of her life.

The smile grew wider across his face.

"Sweet revenge," he whispered to himself as he climbed the stairs and went into his bedroom. Getting under the **sheet**, he could hear her screams of agony growing louder and louder.

The End

Vocabulary

Le mani legate	The hands tied
Urlare	To shout
Borbottare	To grunt
Ghiaccio	Ice
Fidarsi	To trust
Beccare	To catch
Perdente	Loser
Bruciore	Burning
Ardente	Coal
Ragazzo sfregiato spaventoso	Scary scarred boy
Urlare sempre più forte	To scream louder and louder
Carne	Flesh
Offuscarsi	Blurred
Assomigliare a	To look like
Brace	Ember
Pietà	Mercy
Rimorso	Remorse
Spruzzare	To splash
Dolore	Pain
Lenzuolo	Sheet

Siamo Qui

"Siamo qui."

I sussurri la circondavano. Non erano **rassicuranti**, mentre si girava e rigirava nel letto. Sapeva che quella casa era vecchia e che, di solito, le case vecchie avevano delle storie incredibili da raccontare.

Quelle erano le parole che le venivano sussurrate nei suoi sogni, le venivano sussurrate durante la giornata, e suonavano **dolorose**.

"Chi c'è lì?" chiese, sedendosi sul letto.

La camera da letto era buia, e in strada non c'erano lampioni. Non aveva nemmeno dei **vicini** dai quali andare.

Le voci si fermarono.

Nient'altro che silenzio.

"Vi ho sentiti. Cosa ci fate qui? Chi siete?" chiese di nuovo, preparandosi a saltare fuori dal letto.

We Are Here

"We are here."

The whispers surrounded her. They weren't **soothing** as she tossed from side to side in her bed. She knew that it was an old house, and old houses normally told amazing stories.

Those were the words that whispered to her in her dreams, whispered to her through the day, and they sounded **painful**.

"Who's there?" she asked, sitting up in bed.

The bedroom was dark; there were no streetlights. No **neighbors** that she could go to.

The voices stopped.

Nothing but silence.

"I heard you. What are you doing here? Who are you?" she asked again, getting ready to climb out of bed.

Il vaso sullo **scaffale** volò attraverso la stanza, schiantandosi contro il muro.

"Cosa volete da me?!" urlò, il suo cuore che le martellava contro il **petto**.

Nessuno l'aveva messa in guardia sulle voci. Urla di ricordi passati, di quello era certa.

"**Esci**, esci da questa casa, finché sei ancora in tempo," sentirono le sue **orecchie**.

Era una voce maschile.

Un avviso. Minaccioso, ma pur sempre un avviso.

"Non andrò da nessuna parte. Non ho alcun motivo per farlo," rispose, per far capire alla voce che non era una tipa che si spaventava **facilmente**.

Le spade sui muri facevano rumore. Spade che erano state lì prima ancora che entrasse in casa. Le aveva viste per la prima volta poco **prima**, quella sera stessa.

"Non riuscirete a farmi paura!" urlò,

Her vase on the **shelf** flew across the room, smashing against the wall.

"What do you want from me?!" she cried out, her heart hammering against her **chest**.

No one had warned her about the voices. Cries of past memories, she was sure of it.

"**Get out**, get out of this house while you still can," her **ears** heard.

It was a man's voice.

A warning. Threatening, but a warning nonetheless.

"I'm not leaving. There's no reason to," she called back, letting the voice know that she couldn't be scared that **easily**.

Swords on the walls were clanging. Swords that had been there before she even entered the home. She saw them for the first time **earlier** that evening.

"You can't scare me!" she shouted,

questa volta appoggiando i piedi sul pavimento.

Sentì una corrente d'aria fresca all'altezza delle **caviglie**. La corrente iniziò a tirarla, ancora e ancora, fino a quando iniziò ad urlare, la sua voce sempre più forte.

"Vai via, prima che sia troppo tardi," le sussurrò all'orecchio la voce.

Stava sudando. Si passò una mano tra i capelli neri, gli **occhi spalancati** nel tentativo di vedere qualcosa, di vedere almeno un'ombra.

Gli strattonamenti alle caviglie si fermarono: corse fuori dalla camera, sbattendosi la porta alle spalle.

Corse in bagno ed accese la luce.

Quando guardò lo specchio vide una ragazza in piedi dentro la **vasca da bagno**.

"Siamo qui," le sussurrò la ragazza.

I capelli neri e arruffati le pendevano davanti al viso, gli

this time putting her feet on the floor.

She felt a cool draft at her **ankles**. The draft tugged and tugged until she started screaming, her voice growing louder and louder.

"Leave before it's too late," the voice whispered in her ear.

She was sweating. She ran a hand through her dark black hair, her **eyes wide** as she tried looking for a shadow.

The tugging stopped, and she ran from the room, slamming the door behind her.

She ran into the bathroom, and turned on the light.

When she looked in the mirror, a girl was standing in the **tub**.

"We are here," the girl whispered.

Her black, scraggly hair hung over her face, her black

occhi neri erano fissi su di lei. Scappò dal bagno.

Cosa era successo in quella casa? Chi stava cercando di farla fuggire?

Scese le scale, quasi saltando un **gradino**.

"Lasciatemi in pace, vi prego!" urlò, tirando il **pomello della porta**. Cercò di girarlo e rigirarlo, ma non si aprì.

Perché la porta non si apriva!?

Sentì i sussurri alle sue spalle.

"Noi siamo qui, noi siamo qui." Le parole venivano ripetute in continuazione, come una litania incessante.

"Fatemi uscire!" **gridò**, le mani sudate nel tentativo di aprire la porta.

"Il tempo è scaduto. Noi siamo qui, e anche tu." Le voci sussurrate la circondarono, avvicinandosi sempre di più.

eyes looked up at her. She ran from the bathroom.

What had happened in this house? Who was trying to scare her away?

She ran down the stairs, almost missing a **step**.

"Please leave me alone!" she shouted, pulling at the **doorknob**. She tried turning and twisting it, but it wouldn't open.

Why wouldn't the door open!?

She heard the whispers behind her.

"We are here, we are here." It repeated like a song, over and over again.

"Let me out!" she **hollered**, her hands sweating as she tried to pull the door open.

"Time has run out. We are here and so are you." The whispered voices surrounded her, coming in closer and closer.

Fu allora che si ricordò di aver sentito parlare di quella casa.

Ancora prima di aver saputo che era stata messa in vendita.

Era la casa a tenerli **intrappolati**. Gli spiriti dentro la casa erano prigionieri, e non c'era **nessuno posto** in cui potessero andare.

La casa aveva fatto un'altra vittima.

Quella volta, la vittima era stata lei.

"Unisciti a noi. Non c'è via di fuga," cantavano le voci, **girando** nella sua testa.

Una canzone che non si sarebbe mai fermata.

Le urla ora erano le sue, solo ed esclusivamente sue. La porta non si sarebbe più aperta. Non avrebbe mai più visto **la luce del giorno**.

Sarebbe stata uno spirito urlante per sempre, fino all'arrivo della vittima successiva.

That's when it dawned on her, she had heard about this house.

Before she saw that it was up for sale.

The house was what kept them **trapped**. The spirits in the house were prisoners, and there was **nowhere** to go.

The house had claimed another victim.

Had claimed her as the victim.

"Join us. There is no escape," the voices sang, round and **round** in her head.

A song that would never stop.

The screams were hers, now, and hers alone. The door would never open again. Never would she see **the light of day**.

She would be a screaming spirit forever; until the next victim came along.

Avrebbe cercato di avvertire le prossime vittime ma, come lei, avrebbero pensato ad una follia. Non avrebbero dato retta all'avvertimento. Sarebbe sempre stato troppo tardi, per quanto lei avesse cercato di avvisarli.

Sarebbe sempre stato troppo tardi per andarsene.

Fine

She would try to warn the next victims, but just like her, they would think it was crazy. They wouldn't heed the warning. It would always be too late, no matter how hard she tried to warn them.

It would always be too late to leave.

The End

Vocabulary

Rassicurante	Soothing
Doloroso	Painful
Vicino	Neighbor
Nient'altro che	Nothing but
Scaffale	Shelf
Petto	Chest
Esci!	Get out!
Orecchia	Ear
Facilmente	Easily
Prima	Earlier
Caviglia	Ankle
Occhi spalancati	Eyes wide (open)
Vasca da bagno	Tub
Gradino	Step (stairs)
Pomello della porta	Doorknob
Gridare	To holler
Intrappolato	Trapped
Nessun posto	Nowhere
Girare	Round
La luce del giorno	Light of day (daylight)

Telefonata

Stava facendo la babysitter per i vicini, le uniche altre persone che vivessero in quella strada. I **boschi** circondavano il resto della via.

Era un'**ordinaria** serata a base di film e gelato. Aveva aspettato che il piccolo fosse a letto, prima di iniziare a guardare i film davvero interessanti. I **film dell'orrore**.

Aveva preparato i suoi spuntini e le bevande. Aveva già letto la storia della buonanotte al bambino, e l'aveva messo nella sua **culla** per farlo dormire.

Era un lavoro semplice, e per farlo veniva pagata bene.

Dopo la solita routine scese al piano inferiore per iniziare il suo film dell'orrore, con le bibite e i popcorn pronti sul tavolino di fronte a lei.

Proprio all'inizio del film sentì il telefono squillare.

"Pronto?" rispose.

Caller

She was babysitting for the neighbors, the only other people on the street. **Woods** on either side of the road.

It was an **ordinary** night of movies and ice cream. She would wait until the little one went to bed before she put in the really good movies. The **scary movies**.

She got her snacks ready, got the drinks ready. She already had a bedtime story for the baby, and she laid him in his **crib** to let him sleep.

It was easy, and she got paid well for it.

After her routine, she went back downstairs to start the horror movie, her drinks and popcorn on the stand in front of her.

Just as the movie started, she heard the phone ring.

"Hello?" she asked into the phone.

Un respiro affannoso… Nient'altro che un **respiro affannoso**.

"Deve aver sbagliato numero. Questa è la casa della famiglia Henderson," rispose con calma e **riattaccò** il telefono.

Non passò molto tempo prima che il telefono squillasse di nuovo.

"Che cosa vuoi?" chiese lei.

"Lo so che sei lì da sola." La voce era **rauca**.

"Smettila." La sua voce era ancora calma, ma dentro di sé stava già iniziando ad impaurirsi.

"Vuoi che te lo dimostri?" le chiese la persona all'altro capo del telefono.

Prima che potesse rispondergli, le luci della cucina **si accesero e si spensero ad intermittenza**.

L'uomo al telefono era dentro la casa!

Heavy breathing, nothing but **heavy breathing**.

"I think you have the wrong number. This is the Hendersons' residence," she said calmly and **hung up** the phone.

It wasn't long before the phone started to ring again.

"What do you want?" she asked.

"I know you're there alone." The voice was **raspy**.

"Stop." Her voice was calm, but inside she was already scared.

"Do you want me to show you?" the caller asked.

Before she could answer him, the light in the kitchen **flickered off and on**.

The caller was in the house!

Chiuse la chiamata e si alzò dal **divano**.

Salì le scale rapidamente, entrò nella camera del bambino e chiuse la porta senza far rumore. Cercò di trovare una **via d'uscita**.

C'era il tetto, ma ci si sarebbe dovuta arrampicare. Non sapeva nemmeno se sarebbe riuscita a scenderne, con il bambino tra le braccia.

Il telefono che aveva in mano squillò di nuovo.

"Ti prego, vai via," iniziò a piangere quando **rispose** al telefono.

"Non puoi scappare, non puoi nasconderti," rise l'uomo.

"Perché stai facendo questo?" piagnucolò lei.

"Perché posso," rise **diabolicamente**. **Questa volta** fu lui a chiudere la telefonata.

Prese il bambino dalla culla e si avvicinò alla finestra. La aprì, la scavalcò e si girò per prendere il bambino.

She hung up the phone and got off the **couch**.

Heading up the stairs quickly, she went into the baby's room and closed the door quietly. Tried to look for a **way out**.

There was the roof, but she had to climb onto it. She wasn't sure if she could even jump down with the baby.

The phone in her hand rang again.

"Please, leave," she began to cry when she **picked up** the phone.

"There's nowhere to go, nowhere to hide," he laughed into the phone.

"Why are you doing this?" she whined.

"Because I can," he laughed **evilly**, and he was the one who hung up **this time**.

She took the baby out of the crib, carrying him to the window. She slid it open, getting herself out first and then the baby.

Quello si limitò a guardarla, senza alcuna traccia di confusione sul viso. Senza fare storie.

The baby stared at her, no confusion. No fussing.

Mentre si allontanava dalla finestra, il telefono squillò di nuovo.

Stepping out, the phone rang again.

Lo **ignorò**.

She **ignored** it.

Desiderò che i genitori del bambino fossero già tornati a casa… Dov'erano?

She wished the baby's parents had already come home... Where were they?

Si appiattì contro la casa per non farsi vedere. Il telefono continuava a squillare incessantemente.

She pressed herself against the house so she wouldn't be seen. The phone continued to ring and ring.

Si rifiutò di rispondere. Non aveva più intenzione di fare il suo gioco.

She refused to answer it. She didn't want to play this game anymore.

Stava per saltare giù dal tetto e **correre il rischio**. Pensava di non avere altra scelta, fino a quando non vide l'auto degli Henderson entrare nel **vialetto d'accesso**.

It was then that she was about to jump down and **take her chances**. It was then that she thought she had no choice, until she saw the Hendersons' car pulling into the **driveway**.

Scesero dall'auto e **corsero** dentro casa.

They **raced** into the house.

"Siete tornati a casa presto," disse tremante, una volta rientrata dalla finestra.

"You guys came home early," she cried when she got back in through the window.

42

"Non rispondevi al telefono. Era **occupato**. Quando siamo arrivati in città abbiamo saputo che qualcuno stava telefonando persone **a caso**. Quelli che hanno risposto sono stati trovati morti. Siamo tornati subito qui…" **Dichiarò** rapidamente la signora Henderson, prendendo il bambino tra le braccia.

Le telefonate. Non voleva dir loro niente, ma non fu necessario.

Glielo lessero in faccia, dove il sudore e le **lacrime** erano ancora ben visibili.

"Chiamate la polizia," disse loro, uscendo dalla camera nel tentativo di calmarsi.

Per poco non era diventata una vittima. Per poco aveva rischiato di non tornare più a casa sua, nonostante fosse così vicina.

Il signor Henderson perlustrò la casa senza trovare segni di effrazione. Nessuna telefonata. La polizia avrebbe potuto fare i rilievi, ma non avrebbe trovato nulla.

Fine

"You weren't picking up the phone. It was **busy**. Just as we were headed into town, we heard about someone calling **random** people. Whoever picked up would be found dead. We raced here…" Mrs. Henderson **stated** quickly, taking the baby.

The caller. She didn't want to tell them. She didn't have to.

They could see it on her face, the sweat, the **tears**.

"Call the police," she told them, walking out of the bedroom, trying to calm herself down.

She had come close to becoming a victim. Had come close to never going home again, which was just a few feet away.

Mr. Henderson searched the house, finding no signs of anyone breaking in. No phone calls. The police would be able to search, but they would find nothing.

The End

Vocabulary

Boschi	Woods
Ordinario	Ordinary
Film dell'orrore	Scary movies
Culla	Crib
Respiro affannoso	Heavy breathing
Riattaccare	To hang up
Rauco	Raspy
Accendersi e spegnersi ad intermittenza	To flicker off and on
Divano	Couch
Via d'uscita	Way out
Rispondere	To pick up (phone)
Diabolicamente	Evilly
Questa volta	This time
Ignorare	To ignore
Correre il rischio	To take your chance
Vialetto d'accesso	Driveway
Correre	To race
Occupato	Busy
A caso	Random
Dichiarare	To state

Allo Specchio

Chelsea stava **lisciando** i suoi **capelli** biondi, strato dopo strato. I suoi occhi blu erano allenati a notare ogni dettaglio del suo viso, dei suoi capelli. Aveva un sorriso così luminoso che avrebbe fatto impallidire il sole.

Con la coda dell'occhio vide un'ombra allo specchio. Fece un balzo e si bruciò un dito con la piastra per capelli. Guardò di nuovo, ma l'ombra era svanita.

Si girò: alle sue spalle non c'era niente.

Scosse la testa e tornò a guardarsi allo specchio, riprendendo a lisciarsi i capelli.

Erano cose che succedevano, a chi non dormiva abbastanza. Vedere cose che non c'erano davvero. Era sicura di non essere diventata pazza.

Finì di sistemarsi i capelli dopo circa quindici minuti.

Chelsea continuò a guardare il suo riflesso allo specchio, avvicinandosi sempre di più per

In the Mirror

Chelsea was **straightening her** blonde **hair**, layering it. Her blue eyes were trained on her face. On her hair. A smile that could make the sun shy away from its brightness.

Out of the corner of her eye, she saw a shadow in the mirror. Jumping back and burning her finger on the straightener, she looked again, and it was gone.

She turned around; nothing was there.

Shaking her head and glaring at herself, she started doing her hair again.

Not enough sleep would do that to a person. Seeing things that really weren't there. She was sure she wasn't going crazy.

After about fifteen minutes she was done fixing her hair.

Chelsea stared into the mirror, getting closer and closer to it **to make sure** her **makeup**

assicurarsi che il suo **trucco** fosse a posto. I suoi occhi blu brillarono di nuovo.

"Che cos'era quello?" sussultò. Più si avvicinava allo specchio, più vedeva degli occhi castani anziché il suo solito azzurro chiaro.

Non le era mai successa una cosa simile, prima di quel momento.

Un leggero colpo alla porta del bagno la fece allontanare di botto dallo specchio.

Girandosi, vide delle dita premere attraverso la superficie dello specchio. Sparirono velocemente, quando sentì di nuovo bussare.

"**Ho quasi finito**! Vai via!" Chelsea urlò al suo fratello minore, mentre girava la chiave nella toppa ed apriva la porta del bagno.

"Beh, sei lì dentro da ore," grugnì lui, roteando gli occhi ed allontanandosi di nuovo.

Sbattè la **porta** del bagno e vi si appoggiò contro, chiudendo gli occhi e facendo un respiro **profondo**.

was right. Her blue eyes shone back.

"What was that?" she gasped. The closer her eyes got to the mirror, the more she saw brown eyes instead of light blue.

That had never happened to her before.

A light knock on the bathroom door made her jump back.

Turning away from the mirror, she did see the fingers that were pushing through. They disappeared quickly when the knock rang through.

"**Almost done**! Go away!" Chelsea shouted at her younger brother as she unlocked and opened the bathroom door.

"Well, you've been in there for hours," he grunted, rolling his eyes and turning away.

She **slammed** the bathroom **door** and leaned against it, closing her eyes and taking a **deep** breath.

Rise di se stessa.

She laughed at herself.

Chelsea aveva pensato che il colpo alla porta fosse provenuto, in realtà, dallo specchio.

Chelsea had thought that the knock came from the mirror.

Gli occhi castani, però… sapeva che non stava immaginando le cose. Lo sapeva e basta.

The brown eyes, though. She knew she wasn't seeing things. She just knew it.

Spostando lo sguardo dalla porta del bagno allo specchio, si riavvicinò a quest'ultimo per scoprire se sarebbe di nuovo riuscita a vedere quegli occhi.

Looking from the bathroom door to the mirror, she went back to the mirror to see if she could see the eyes again.

*Nell'oscurità, dall'altra parte dello specchio, vide la ragazza. Sentì le voci **attutite**. Non riusciva a capire cosa stessero dicendo, ma sapeva che stavano parlando.*

*In the darkness, on the other side of the mirror, she saw the girl. She heard the **muffled** voices. She couldn't hear what they were saying, but she could tell that they were talking.*

*Quanto sarebbe stato bello potersi scambiare i posti, essere finalmente **libera**. La ragazza doveva semplicemente avvicinarsi un po'. Sapeva di essere stata vista. Era un **portale** che non molti avevano.*

*How nice it would be to switch places, to finally be **free**. All the girl had to do was come a little closer. She knew that she had been seen. It was a **gateway** that not many people had.*

"Ti prego, guardami," sussurrò la ragazza dentro lo specchio.

"Please see me," the girl in the mirror whispered.

Chelsea si stava sistemando il trucco. Era più concentrata su se stessa che su quello che stava succedendo dietro la sua immagine.

*"Guardami!" urlò, battendo i suoi **pugni** sullo specchio.*

Questa volta Chelsea fece un balzo indietro. I **colpi** venivano dallo specchio! Con il cuore che batteva forte, si avvicinò sempre di più allo specchio.

Fu allora che accadde.

Le braccia si allungarono!

Chelsea cercò di urlare, cercò di tirarsi indietro, di allontanarsi dallo specchio, ma non ci riuscì.

Si allontanò dal **lavandino** spingendosi con le ginocchia. Sapeva di **essere nei guai** quando la sua testa oltrepassò lo specchio, come se questo fosse stato un **portale**.

Vide la ragazza dall'altra parte.

*"Guardami. Sono qui, intrappolata dietro lo specchio." Le **unghie** della ragazza si stavano conficcando*

Chelsea was fixing her makeup. She was more intent on herself than what went on beyond her own image.

*"See me!" she yelled, banging her **fists** on the mirror.*

Chelsea jumped back this time. The **pounding** was coming from the mirror! Her heart racing, she inched closer and closer to the mirror.

That's when it happened.

The arms reached out!

Chelsea tried screaming, she tried to pull back, away from the mirror, but she couldn't.

She pushed herself away from the **sink** with her knees. She knew that she **was in trouble** when her head went through the mirror like going through a **portal**.

She saw the girl on the other side.

*"See me. I am here, trapped behind the mirror." The girl's **nails** were digging into*

*nelle **spalle** di Chelsea, tirandola con forza sempre maggiore.*

I capelli della ragazza erano tagliati in modo irregolare. I suoi occhi castani stavano assumendo una sfumatura rossastra. Quando aprì la bocca, Chelsea vide che i suoi denti erano **frastagliati** e **affilati**.

La ragazza tirò Chelsea fino a quando non fu completamente dietro lo specchio. Aveva solo pochi secondi per saltare dall'altra parte.

"Ora starai tu qui dentro fino a quando non ti vedrà qualcuno," rise la ragazza, il cui aspetto era ora identico a quello di Chelsea.

Gli occhi rossi diventarono blu. Chelsea le provò tutte, sbattendo le mani dall'altro lato dello specchio.

Il lato oscuro.

"AIUTO!" Chelsea urlò a pieni polmoni.

Nessuno poteva sentirla.

*Chelsea's **shoulders**, pulling her in more and more.*

The girl's hair was chopped. Her brown eyes now turning a reddish tint. When the girl opened her mouth, Chelsea could see that her teeth were **jagged** and **sharp**.

The girl pulled Chelsea until she was all the way inside. She had only a few seconds to jump through the mirror.

"Now you are the one in there until someone sees you," the girl laughed, her image now looking exactly like Chelsea's.

The red eyes turned to blue. Chelsea tried everything, beating her hands against the mirror on the other side.

The dark side.

"HELP!" Chelsea screamed out loud.

No one could hear her.

Vide la ragazza, che ormai era identica a lei, uscire dal bagno.

Poi vide entrare suo fratello.

Quello era l'unico modo in cui avrebbe potuto rivedere la sua famiglia. Non avrebbero mai capito che la Chelsea che vedevano non era davvero lei!

Era intrappolata per sempre nell'oscurità, perché Chelsea non avrebbe mai fatto quello che la ragazza nello specchio aveva fatto a lei. Non sarebbe mai stata capace di prendere il posto di qualcuno. Non sarebbe mai riuscita ad essere così **egoista**. Il circolo vizioso sarebbe stato rotto da lei.

Fine

She could see the girl leaving the bathroom looking just like her!

Then she saw her brother come into the bathroom.

It would be the only way she'd see her family again. They wouldn't realize that the Chelsea they saw wasn't her!

She was trapped forever in the darkness, for Chelsea wasn't going to do what the girl in the mirror had done. She wouldn't be able to take someone's place. She wouldn't be able to be that **selfish**. It would stop with her.

The End

Vocabulary

Lisciarsi i capelli	To straighten your hair
Con la coda defll'occhio	Out of the corner of her eye
Assicurarsi	To make sure
Trucco	Make up
Quasi finito	Almost done
Sbattere la porta	To slam the door
Profondo	Deep
Attuito	Muffled
Libero	Free
Portale	Gateway
Pugno	Fist
Colpo	Pouding
Lavandino	Sink (in a bathroom)
Essere nei guai	To be in trouble
Portale	Portal
Unghia	Nail
Spalla	Shoulder
Frastagliato	Jagged
Affilato	Sharp
Egoista	Selfish

L'Obitorio

Il corpo era sul **tavolo operatorio** al centro della stanza. Era l'unica di turno a lavoro, quella notte. L'unica abbastanza pazza da lavorare con cadaveri nel cuore della notte. Nessuno voleva il **turno di notte**, ma **era pagato bene**.

Controllò i vassoi nel freezer, senza nemmeno sapere perché. I cadaveri non si possono spostare. Ma quando aprì l'ultimo, lo trovò vuoto.

Dentro ci sarebbe dovuto essere il cadavere di un uomo.

Quando sentì le porte a battente aprirsi fece un salto.

"L'ho preso per farlo pulire prima di domani," le disse Brandon.

Brandon rimaneva sempre pochi minuti. **La maggior parte delle volte** nemmeno entrava nella stanza: si limitava a lasciare il corpo fuori dalla porta perché se ne occupasse lei.

"Vorrei che mi avvisassi, prima di prenderli." Risucchiò

The Morgue

The body was on the **slab** in the middle of the room. She was the only one working that night. The only one crazy enough to work with dead bodies in the middle of the night. No one wanted the **night shift**, but it **paid good money**.

She checked the freezer trays but didn't know why she was doing it. Dead bodies couldn't move. But when she opened the last one, it was empty.

There was supposed to be a male body in there.

Hearing the swinging doors slide open, she jumped.

"I took him to get cleaned up before tomorrow," Brandon told her.

Brandon was the guy that would only stay a few minutes. **Most times**, he wouldn't even go inside the room, just leave the body outside the door for her to take.

"I wish you would tell me before you take them." She

52

l'aria tra i denti, facendola poi uscire lentamente.

"**Che c'è**, il turno di notte inizia a pesarti?" le chiese ridendo.

Lei non rise. Fece rotolare il corpo sul vassoio e chiuse lo sportello con una spinta.

Quando Brandon uscì, però, desiderò di averlo **convinto** a restare.

Le luci dell'obitorio continuavano a sfarfallare. Era un **edificio** vecchio, e la cosa non era di certo inusuale. Le era già capitato di vederle sfarfallare centinaia di volte, prima di quella notte.

Finalmente arrivò il momento della sua **pausa** notturna. Non mangiava mai quando era all'obitorio.

Quanto tornò era tutto buio. Le luci erano spente.

Accese e spente l'interruttore ripetutamente, ma fu inutile.

"Santo cielo," mormorò tra sé e sé.

Fu allora che lo sentì.

sucked in her breath and let it out slowly.

"**What's the matter**, night shift getting to you?" he laughed at her.

She didn't laugh. She rolled the body over onto the tray and pushed the drawer shut.

As soon as Brandon left, though, she wished that she could **convince** him to stay.

The lights in the morgue kept flickering. It was an old **building**; it had happened to her a hundred times before. Something she was used to.

Finally, it was time for her nightly **break**. She didn't eat when she was in the morgue.

When she came back, it was dark, the lights were out.

She flicked the switch off and on and nothing.

"Jesus," she muttered to herself.

That's when she heard it.

Il rumore degli sportelli del freezer che si aprivano e si chiudevano. Ancora e ancora.

I suoi occhi si erano abituati all'oscurità: sarebbe dovuta scappare, ma non riusciva a muovere i piedi. Cercò di spingere le porte, ma non si mossero neanche di un centimetro!

Più i corpi si avvicinavano a lei, più cercava di urlare. Non poteva essere l'unica persona in quel piano.

Non era mai **completamente** sola.

Sentì le mani, sentì la **freddezza** dei morti. La loro freddezza **umida** mentre cercava di allontanarsi da loro, mentre cercava di **scappare** da una porta che non sembrava volersi aprire.

"Aiuto! Qualcuno..." Credeva di urlare, ma le parole le uscirono solo come un mormorio sussurrato.

Li sentì **morderla**, mangiarla!

Al mattino ci sarebbero state solo delle ossa a testimoniare

Drawers opening and closing. Opening and closing.

Her eyes had adjusted to the darkness; she should've run, but she couldn't make her feet move. She tried pushing against the swinging doors, and now they wouldn't budge!

The closer the bodies got to her, the more she tried to scream. Someone had to be down on the floor.

She was never **completely** alone.

She felt the hands; she felt the **coldness** of the dead. The **clammy** coldness as she pushed her head back away from them, trying **to escape** through the door that wouldn't swing open.

"Help me! Somebody." She thought she was screaming. It came out as a whispered whimper.

She felt them **biting** her, eating her!

In the morning there would be nothing but bones to show

che la notte prima era stata lì. Nessuno sarebbe stato pronto a vedere cosa era rimasto di lei.

Non voleva **morire** così. Non aveva mai immaginato che sarebbe morta in quel modo.

Cadaveri ritornati in vita, ma non come gli zombie nei film. Cadaveri che avevano semplicemente l'aspetto di persone morte che erano state truccate e composte.

Mentre la spingevano giù verso il pavimento iniziò a piangere.

Una delle ultime cose che vide fu l'ultimo vassoio del freezer che si apriva.

Le luci continuavano a sfarfallare.

Guardando la luce mentre sentiva il suo corpo intorpidirsi, **pregò** per la prossima persona **abbastanza** stupida da prendersi il turno di notte.

I suoi colleghi del turno di giorno avrebbero tirato a sorte **scegliendo le cannucce**. Chi avesse preso la più corta avrebbe fatto la sua stessa fine!

that she was there. No one would be prepared for the way she looked.

She didn't want **to die** like this. She never thought of dying like this.

Dead bodies coming alive, not looking like zombies. Looking like just dead people that were made up and taken care of.

She cried as they took her down to the floor.

One of the last things she saw was the last freezer tray opening.

The light flickered off and on.

Looking into the light as she felt her body growing numb, she **prayed** for the next person who was stupid **enough** to take on the night shift.

The day shift would have **to pick straws**. Whoever got the shortest one would end up like her!

Il mattino dopo tutti i corpi erano tornati sui **vassoi** del freezer, chiusi nei loro comparti. Fu Brandon a trovarla. La **cartella** che aveva tra le mani cadde a terra, mentre lui scappò dall'obitorio urlando…

Non aveva mai visto niente di simile. Non gli servì guardare con più attenzione, per capire che si trattava di lei. Chi avrebbe mai potuto fare una cosa così **orrenda**? Non lo sapeva, ma quella sarebbe stata l'ultima volta che scendeva giù all'obitorio.

Fine

The next morning, all the bodies were back in the freezer **trays**, tucked away in the drawers. Brandon was the one who found her. Dropping the **folder** that he had in his hands, he ran out of the morgue screaming…

He'd never seen such a sight. He didn't have to take a close look to see that it was her. Who would do such a **horrific** thing? He didn't know, but that would be the last time he'd ever go down to the morgue.

The End

Vocabulary

Tavolo operatorio	Slab
Turno di notte	Night shift
Essere pagato bene	To be paid good money
La maggior parte delle volte	Most times
Che c'è?	What's the matter?
Convincere	To convince
Edificio	Building
Pausa	Break
Completamente	Completely
Freddezza	Coldness
Umido	Clammy
Scappare	To escape
Mordere	To bite
Morire	To die
Pregare	To pray
Abbastanza	Enough
Scegliere le cannucce	To pick straws
Vassoio	Tray
Cartella	Folder
Orrendo	Horrific

Obbligo o Verità

Quella notte era iniziata così. Gli amici di Kyle avevano deciso che sarebbe stato divertente giocare ad **obbligo o verità** in un **cimitero**.

Kyle voleva scegliere verità. I suoi amici lo **presero in giro** fino a quando non si arrese e scelse obbligo, solamente per farli stare zitti.

"Prendi il rubino da quella **lapide**," disse il suo amico Andrew ridendo.

"Non credo proprio." Kyle scosse la testa.

"Devi farlo, è il tuo obbligo," fece notare a Kyle.

"Non ho niente con cui prenderlo," grugnì lui.

Andrew tirò fuori il **coltellino** che portava in tasca. Lo teneva sempre affilato.

"Probabilmente non riuscirò nemmeno a tirarlo fuori." Kyle roteò gli occhi, prendendo il coltellino.

Truth or Dare

That's how it started that night. Kyle's friends had decided it would be fun to play **truth or dare** in a **graveyard**.

Kyle wanted to pick truth. His friends **teased** him until he finally caved in and chose dare, just to shut them up.

"Take the ruby off this **headstone**," his friend Andrew laughed.

"I'm not doing that." Kyle shook his head.

"You have to, it's a dare," he pointed out to Kyle.

"I don't have anything to take it out with," he grunted.

Andrew took out his **pocket-knife** that he always kept sharpened.

"It probably won't even come out." Kyle rolled his eyes, taking the pocket-knife.

Scese dalla lapide e si posizionò di fronte ad essa. Il nome inciso sulla pietra non era più leggibile. Era solo una stupida **sfida**.

Fece passare la punta della lama dietro il rubino e, proprio come Andrew aveva previsto, questo saltò fuori senza opporre resistenza.

Tenendolo in mano sentì una sensazione bruciante, come se avesse avuto la mano sopra una fiamma ardente.

"Merda!" urlò, facendolo cadere.

"Che problemi hai?" gli chiese Andrew.

Il rubino era caduto per terra di fronte a loro.

Andrew lo **raccolse** e sentì la freschezza della pietra preziosa.

Lo ripassò a Kyle. Non era più caldo.

Non passò molto prima che tornassero tutti a casa. **Tutti tranne** Kyle.

Kyle si appoggiò alla lapide.

He jumped off the headstone and stood in front of it. He couldn't see the name on the stone. It was just a stupid **dare**.

He slid the point of the blade behind the ruby, and just like Andrew said, it popped out without an issue.

Holding it in his hand, he felt a burning sensation, like his hand was on fire.

"Fuck!" he shouted, dropping it.

"What's the matter with you?" Andrew asked.

The ruby was on the ground in front of them.

Andrew **picked** it **up** and felt the coolness of it.

He gave it back to Kyle. It wasn't hot anymore.

It wasn't long before they all went home. **Everyone but** Kyle.

Kyle leaned against the headstone.

Ripassandosi il rubino tra le mani, sentì di nuovo quella sensazione. Guardò la sua mano diventare arancione come delle braci vive, il dolore propagarsi e salire dalla sua mano al suo braccio.

Il bruciore si stava **diffondendo** e, per quanto ci provasse, Kyle non riusciva a lasciar andare il rubino dalla sua mano. Non riusciva a scrollarselo di dosso.

Urlando **a pieni polmoni**, appoggiò la testa contro la pietra. La sensazione infuocata stava diventando sempre più forte.

Guardò la lapide, ma stavolta riuscì a leggere chiaramente la scritta che recava.

Per coloro che prenderanno il rubino, ci sarà la prima volta un avvertimento di fuoco. La seconda non ci sarà un avvertimento.

Tutto qui. Nessun nome. Nessuna **data di nascita**, e nessuna data di morte.

Kyle aveva iniziato a capire, ma ormai era troppo tardi.

Ruby in his hand, he felt it again. He watched his hand turn orange like embers, the pain soaring through his hand and up his arm.

The burn was **spreading**, and as hard as he tried, Kyle couldn't take the ruby out of his hand. He couldn't shake it.

Screaming **at the top of his lungs**, he leaned his head against the stone. The fiery sensation was getting stronger and stronger.

He looked at the headstone, seeing it clearly.

To those who take the ruby, there will be a fiery warning the first time. There is no warning the second.

That's all it said. No name under it. No **date of birth** and date of death.

Kyle was getting it, he was understanding it, but only when it was too late.

Il suo corpo iniziò a raffreddarsi e, quando iniziò a **tramutarsi** in pietra, sentì un dolore **peggiore** del bruciore. Mentre la pietra si raffreddava sul suo corpo, iniziò a diventare polvere.

Non passò molto prima del sorgere del sole, quando una **folata di vento** soffiò via le **ceneri** di Kyle, il rubino ormai tornato al suo **legittimo** posto.

Per anni le **segnalazioni delle persone scomparse** avevano ricoperto i pali delle linee telefoniche e le vetrine dei negozi, nella speranza che prima o poi sarebbero riusciti a ritrovare Kyle.

Nessuno sapeva che fine avesse fatto.

Andrew visitava spesso il cimitero ripensando a quella notte, chiedendosi come fosse possibile che il rubino fosse tornato al suo posto nella lapide dopo che lui aveva sfidato Kyle a toglierlo.

Aveva allungato la mano verso il rubino **più volte**, ma non l'aveva mai toccato. Ci si era avvicinato,

His body began to cool, and when he was **turning to** stone, the pain was **worse** than the burn. As the stone cooled on his body, he began to turn to dust.

It wasn't long before the sun came up and a **gust of wind** blew Kyle's **ashes** away, the ruby now back in its **rightful** place.

For years they put up **missing person's reports** on telephone poles, on stores' windows in hopes that they would find Kyle eventually.

No one knew where he could be.

Andrew visited the graveyard often, remembering the night, wondering how the ruby had been put back in the stone that he had dared Kyle to take it out of.

He had reached for the ruby **numerous times** but never touched it. He came close,

l'aveva quasi sfiorato per scoprire se sarebbe caduto o meno.

Ogni volta, qualcosa lo aveva dissuaso dal suo tentativo.

Non avrebbe mai detto a nessuno cosa fosse davvero accaduto a Kyle. Leggeva sempre la scritta sulla pietra. Ricordava Kyle che faceva cadere il rubino e urlava dal dolore.

Sono successe cose **più strane**, ma a volte riusciva a sentire la voce di Kyle che gli sussurrava qualcosa all'orecchio.

Le uniche parole che Andrew aveva più sentito da Kyle, ripetute in continuazione:

Non toccarlo. Guarda cosa mi è successo Andrew, non toccarlo.

Fine

just a finger away from seeing if it would come out.

Each time something brought him away from it.

He would never tell anyone what he truly thought happened to Kyle. He read the stone all the time. Remembered Kyle dropping the ruby and crying out in pain.

Stranger things have happened, but once in a while he could hear Kyle's whispered voice in his ear.

The only words that Andrew heard from Kyle, over and over again:

Don't touch it. Look what happened to me, Andrew, don't touch it.

The End

Vocabulary

Obbligo o Verità	Truth or Dare
Cimitero	Graveyard
Prendere in giro qualcuno	To tease someone
Lapide	Headstone
Coltellino	Pocket-knife
Sfida	Dare
Tenere in mano	To hold
Raccogliere	To pick up
Tutti tranne	Everyone but
Diffondere	To spread
A pieni polmoni	At the top of your lungs
Data di nascita	Date of birth
Tramutarsi	To turn (in)to
Peggiore	Worse
Folata di vento	Gust of wind
Ceneri	Ashes
Legittimo	Rightful
Segnalazione di una persona scomparsa	Missing person's report
Più volte	Numerous times
Strano	Strange

Il suo animaletto

Il suo **animale domestico** doveva mangiare. Erano passate settimane dall'ultima volta che **era stato nutrito**, e sapeva che era arrivato il momento. Nella sua auto nera, aspettava con **pazienza sul ciglio della strada**. Succedeva sempre la stessa cosa. Qualcuno aveva bisogno di un passaggio, ed arrivava una chiamata per portare una persona **qui o lì**.

Era stato un **tassista** per ventitré anni.

La chiamata passò sul suo scanner, con l'indirizzo dove si sarebbe dovuto recare. Proprio pochi secondi dopo che aveva pensato al suo animaletto.

Con un sorriso sul volto, si recò all'indirizzo e vide **una donna in carne** salire sul sedile posteriore dell'auto.

"Dove andiamo?" chiese.

La donna sbuffò.

"Al ventinove di Mollison Way. È **nella periferia della città**." Sollevò il naso.

His Pet

His **pet** had to eat. It had been weeks since it had been **fed**, and he knew that it was time. In his black car, he waited **patiently** on **the side of the road**. It always happened the same way. Always needing a ride, a call to bring a person **here or there**.

He had been a **cabby** for twenty-three years.

It came across the scanner, where he needed to go, just a few seconds after thinking about his pet.

With a grin on his face, he went to the location and saw **a heavy-set woman** get in the back seat of the car.

"Where to?" he asked.

The woman huffed at him.

"Twenty-nine Mollison Way. It's **on the outskirts of town**." She turned her nose up.

Questa sarebbe stata divertente, l'aveva capito dal primo momento in cui era salita a bordo.

This one was going to be fun; he could already sense it the second she got in.

Le portiere si chiusero automaticamente.

The doors locked automatically.

Lei non disse niente.

She didn't say anything about it.

La corsa fu silenziosa.

There was silence on the ride.

Lui continuava a guardare nello specchietto retrovisore, e vide che lei aveva appoggiato la testa al sedile, **rilassandosi** durante la corsa.

He continued to look in the mirror and saw that she was resting her head, **relaxing** during the ride.

Solo pochi secondi dopo la sentì **russare** leggermente, e fu allora che premette il pulsante.

It was only a few seconds later that he could hear her **snoring** lightly, and that's when he hit the button.

Il retro dell'auto si stava annebbiando, per via delle **nuvole di fumo.**

The back of the car was getting misty; **clouds of smoke.**

Ridacchiò.

He laughed just a little.

Gas soporifero. Ecco cos'era il fumo. Niente di troppo **dannoso**. Una piccola dose extra, così quando avrebbe dovuto svegliarla sarebbe stata coerente, ma non in grado di combatterlo.

Sleeping gas. That's what it was, nothing too **harmful**. A little extra dosage so that when he had to wake her up, she would be coherent but not able to fight him.

Guidò fino a casa sua. Entrando nel vialetto aprì le portiere. Sarebbe rimasta addormentata ancora per un po'.

Prese le fascette e le legò le mani **dietro la schiena**.

Riuscì a farla scendere e a farla sedere in una **sedia a rotelle**.

Mentre si faceva strada sul molo che portava al lago fischiettò un motivetto **allegro**. Un motivetto che solo un essere sarebbe stato in grado di sentire.

Sentendo il rumore strisciante man mano che si avvicinava al molo, vide che il suo animaletto era quasi fuori dall'acqua.

La sua **lingua** scivolava dentro e fuori dal muso, gli occhi erano **piccoli e brillanti**.

"Lo so, è passato un po' di tempo," disse al serpente, che era molto più grande di lui.

Quello guardò la sedia mentre emergeva fuori dall'acqua.

He drove to his house. Pulling into the driveway, he unlocked the doors. She wouldn't wake up for a while.

He got the zip ties, tying her hands **behind her back**.

He **managed** to get her out and put her in a **wheelchair**.

As he made his way down to the dock that led out to the lake, he whistled a **cheerful** tune. A tune that only one thing would be able to hear.

Hearing the slithering as he got closer and closer to the dock, he saw that his pet was almost out of the water.

Its **tongue** slipping in and out of its mouth, its eyes black and **beady**.

"It's been a while, I know," he told the snake that was much bigger than he was.

It eyed the chair as it came out of the water.

Fu allora che la sentì urlare.

That's when he heard her scream.

"Sei sveglia," rise lui.

"You're awake," he laughed.

Gli occhi di lei si spalancarono, mentre urlava sempre più forte.

Her eyes grew wider and wider, her screams louder and louder.

"Perché lo stai facendo?" La donna iniziò a piangere, quando si rese conto di non riuscire ad alzarsi dalla sedia.

"Why are you doing this?" She began to cry when she realized she couldn't get out of the chair.

"Quella cosa è qui da quando ero un bambino. Una volta mi ha quasi mangiato. Non posso permettere che accada di nuovo. Preferisco sacrificare gli altri, piuttosto che me stesso," le sussurrò all'orecchio.

"That thing has been here since I was a kid. It almost ate me once. I can't have that happen again. I would rather sacrifice others than myself," he whispered in her ear.

Continuò a spingere la sedia a rotelle fino alla fine del molo, e scaricò la donna in acqua. Ella cadde schizzando acqua ovunque.

He pushed the wheelchair all the way down the dock and dumped her in the water. The woman made a huge splash.

Il serpente tuffò la testa sotto la superficie e riemerse qualche istante dopo.

The snake dove its head into the water and brought it back up quickly.

Lanciò la donna in aria e ci giocherellò, mentre lei urlava e piangeva.

It tossed the woman up into the air and played with her as she screamed and cried.

"Quante volte ti ho detto di non giocare con il tuo cibo?"

"How many times do I have to tell you not to play with your

chiese l'uomo fissando il serpente.

Come se avesse capito le sue parole, il serpente lanciò la donna in aria un'ultima volta. Le urla cessarono.

L'uomo riusciva a vedere il suo corpo scivolare dentro la bocca del serpente. Si girò per lasciare che il suo animaletto mangiasse in pace.

"Meglio tu che io," sussurrò tra sé e sé mentre risaliva lungo il vialetto. Rientrò dentro il suo taxi e si allontanò, in attesa della sua prossima vittima.

Fine

food?" the man asked, glaring at the snake.

As if it could understand what he was saying, the snake tossed the woman into the air one more time, and the screams stopped.

The man could see her body sliding down the inside of the snake's mouth. He turned away to let his pet eat in peace.

"Better you than me," he whispered going back up into the driveway, getting back into the cab, driving off and waiting for his next victim.

The End

Vocabulary

Animale domestico	Pet
Nutrire	To feed
Con pazienza	Patiently
Ciglio della strada	The side of the road
Qui o lì	Here or there
Tassista	Cabby
Con un sorriso sul volto	With a grin on his face
Una donna in carne	A heavy-set woman
Nella periferia della città	On the outskirts of town
Rilassarsi	To relax
Russare	To snore
Nuvole di fumo	Clouds of smoke
Gas soporifero	Sleeping gas
Dannoso	Harmful
Dietro la schiena	Behind the back
Riuscire	To manage
Sedia a rotelle	Wheelchair
Allegro	Cheerful
Lingua	Tongue
Piccolo e brillante	Beady

La Prima

Era buio, ma il cielo era limpido quella notte. Le **stelle** brillavano luminose. Riusciva ancora a sentire l'odore della pioggia di qualche ora prima.

Andava nel bosco, quando aveva voglia di stare sola. Era silenzioso e **tranquillo**, e aveva del tempo per riflettere.

Sorrise mentre camminava nel bosco, passando sopra i **rami fini degli alberi** e sentendoli **scricchiolare** sotto i suoi piedi.

Fu allora che sentì dei passi più pesanti. Si fermò. Tese l'orecchio e si guardò intorno. La **luna** era alta nel cielo, quindi non ebbe bisogno della torcia che aveva portato con sé.

Silenzio. Nessun rumore, mentre continuava ad ascoltare per i segni di qualcosa, forse un animale del bosco.

"Stai sentendo rumori immaginari," mormorò tra sé e sé, scuotendo la testa mentre riprendeva a camminare.

The First

It was dark, the sky was clear that night. The **stars** were shining brightly. She could smell the rain from earlier in the evening.

She came out into the woods when she liked being alone. It was quiet and **peaceful**, and she had time to think.

Walking through the woods, stepping on **thin tree branches** and hearing them **crackle** under her feet, she smiled.

That's when she heard heavier footsteps. She stopped. Listened and looked around. The **moon** was high in the sky, so she didn't need the flashlight that she'd been carrying.

There was silence, nothing, as she continued to listen for maybe a woodland creature.

"You're hearing things," she muttered to herself, shaking her head as she continued to walk.

Più camminava, più sentiva quei passi pesanti. Sembrava che fossero **proprio dietro** di lei.

Continuò a camminare guardandosi alle spalle, ma non vide nulla.

"Finiscila di pensare a queste cose." Lanciò uno sguardo. Come poteva essere così spaventata? Non le succedeva mai.

Però non si era mai dovuta **preoccupare** della presenza di un'altra persona nel bosco.

Iniziò a camminare più velocemente, col cuore che batteva più forte.

Qualche altro passo e sarebbe stata allo scoperto, nel **campo**, e avrebbe potuto correre per miglia intere. Era veloce, quando correva.

Se avesse avuto qualcuno alle calcagna avrebbe potuto seminarlo correndo. Sapeva che ci sarebbe riuscita.

Fu allora che il suo piede cedette, **scivolando** nel **fango**. Cadde sulla schiena. Il fango si era creato con la pioggia di

The more she walked, the more she heard the heavy footsteps. It sounded like they were **right behind** her.

She continued walking, looked over her shoulder; nothing was there.

"Stop doing this to yourself." She glared; how could she be so spooked? She was never like this.

Then again, she never had **to worry** about someone being out there.

She walked faster, her heart racing.

A few more steps and she would be in the clear, the **field**, and she could run for miles. She was a fast runner.

If someone was behind her, she could outrun them. She knew she could.

That's when her foot gave out, **slipping** in the **mud** so that she landed on her back. The mud created from the rain

quella sera. Urlò quando **sbatté** la testa sul una pietra incastonata a terra.

Fu allora che lo vide.

Sapeva di non aver immaginato quei rumori.

L'uomo **le stava sopra**, ma non le rivolse la parola.

Con la sua maschera a cappuccio la fissava dai fori all'altezza degli occhi. La maschera era bianca, con un sorriso **inciso** sopra.

"Non farmi del male!" urlò lei.

La sua voce riecheggiò per il bosco, ma nessuno poteva sentirla. Era a miglia di distanza dalla città.

"Tu sarai la prima," grugnì lui.

La voce non sembrava nemmeno umana. Era **inquietante**, e lei non sapeva cosa **intendesse** con quelle parole.

"Fammi andare, ti prego," sussurrò lei.

earlier. She screamed when she **hit** her head on the rock that was embedded in the ground.

That's when she saw him.

She knew that she hadn't been hearing things.

The man **stood over** her; he didn't talk to her.

In his hooded mask, he stared at her through the holes of where his eyes were. A white mask with a smile **etched** into it.

"Don't hurt me!" she cried out.

Her voice echoed through the woods, but no one could hear her. She was miles away from town.

"You will be my first," he grunted.

The voice didn't even sound human. It was **creepy**, and she didn't know what he **meant** by it.

"Just let me go, please," she whispered.

La sua stessa voce le risuonò in modo strano nelle sue orecchie, **implorandolo** e supplicandolo che la lasciasse in pace, che si comportasse come se non l'avesse mai vista.

"Tu sarai la prima di tante," la voce tornò.

Fu allora che vide che lui stava sollevando le braccia sopra la testa, e che tra le mani brandiva un'**ascia**. Un'ascia brillante, **nuova di zecca**.

Riusciva a vederla brillare nel **chiaro di luna**.

"NO!" urlò lei, chiudendo gli occhi.

Se l'avesse uccisa, non aveva alcuna intenzione di guardare.

Aprendo gli occhi, vide la lama dell'ascia a pochi centimetri dalla sua gola.

Si era fermato.

Chi era quell'uomo? Non ne aveva idea.

Stava solo giocando con lei.

Her voice sounded strange to her own ears, **begging** and pleading for him to just let her be, act as if he hadn't bumped into her.

"You will be my first of many," the voice came back.

That's when she saw that he was raising his arms over his head, and in his hands he held an **axe**. A **brand-new** shiny axe.

She could see it glimmer in the **moonlight**.

"NO!" she screamed, closing her eyes tightly.

If he was going to kill her, she couldn't watch.

Opening her eyes, she saw the blade of the axe just inches from her throat.

He had stopped.

Who was he? She didn't know.

He was playing games with her.

Ripeté il gesto diverse volte, ed ogni volta lei urlava sempre più forte. Non sapeva mai se quella sarebbe stata la volta buona.

"Adoro il suono della paura. Adoro il suo odore," disse l'uomo, ridendo di lei.

Questa volta calò l'ascia fino alla fine. Questa volta lei non aveva chiuso gli occhi come le altre volte.

Non pensava che lo avrebbe fatto davvero.

Rimase a guardare mentre la testa della donna rotolava fino al bordo del campo, poi la rincorse.

La prese tirandola per i capelli, osservando il sangue fresco che gocciolava. Poi la ripose nel sacco che aveva portato con sé.

Quella sarebbe stata la prima delle tante che avrebbe aggiunto alla sua collezione.

E come **collezionista**, era sempre alla ricerca di un nuovo pezzo.

He did it a few times, each time she screamed louder and louder. Not knowing if it was going to be the last time.

"I love the sound of fear. I love the smell of it," the man laughed at her.

This time he brought the axe all the way down. This time she didn't close her eyes like all the times before.

She didn't think that he'd really do it.

He watched as her head rolled down the rest of the way to the edge of the field, and he chased it.

He picked her head up by the hair, watching the fresh blood drip, and he put it in the sack that he'd brought with him.

This would be the first of many to add to his collection.

He was a **collector** of many things.

Attraversò il campo, arrivò alla sua auto e vi salì a bordo. Appoggiando la sua testa nel sedile del passeggero, le rivolse un sorriso.

"Dovresti considerarti onorata. Sei stata la prima di tante. Il primo, bellissimo trofeo che appenderò al mio muro." Mentre si allontanava dal campo a bordo della sua auto, non si tolse la maschera.

Si allontanò sempre più dalla città.

Presto, si sarebbero resi conto che non era sicuro. Il bosco non era mai sicuro. Stare da soli non era mai sicuro.

Fine

Walking across the field, he went to his car and got in. Putting her head in the passenger side seat, he smiled at her.

"You should consider yourself privileged. You were the first of many. The first beautiful trophy that I will hang on my wall." He kept the mask on as he drove away from the field.

He drove further and further out of town.

They would soon realize that it wasn't safe. It was never safe in the woods. It was never safe being alone.

The End

Vocabulary

Stella	Star
Tranquillo	Peaceful
Rami fini degli alberi	Thin tree branches
Scricchiolare	To crackle
Luna	Moon
Proprio dietro	Right behind
Preoccuparsi	To worry
Campo	Field
Scivolare	To slip
Fango	Mud
Sbattere	To hit
Stare sopra	To stand over
Inciso	Etched
Inquietante	Creepy
Intendere	To mean
Implorare	To beg
Ascia	Axe
Nuovo di zecca	Brand-new
Chiaro di luna	Moonlight
Collezionista	Collector

Sally

Aveva desiderato quella **bambolina** per tantissimo tempo, e finalmente l'aveva ottenuta. Aveva gli occhi **dipinti** di blu, corti capelli biondi, ed un vestitino rosa con scarpette **abbinate**.

Ricordava il giorno in cui l'aveva ricevuta, e ricordava come nessuno volesse ascoltarla.

"Amber, porta via la tua bambola dalla cucina. Non so nemmeno come tu sia riuscita ad appoggiarla sul piano," le urlò sua madre.

"Non l'ho messa lì io. Sally è arrivata lassù **da sola**," cercò di dirle Amber, piagnucolando.

"Non essere stupida, le bambole non camminano e non parlano. Sono **giocattoli**," **sospirò** sua madre, roteando gli occhi e scuotendo la testa.

Amber prese la bambola e le parlò come se fosse stata **viva**, come se avesse potuto ascoltarla.

Sally

She had wanted the **dolly** for so long, and she had finally gotten it. It had **painted** blue eyes, short blonde hair, and a pink dress with **matching** shoes.

She remembered the day she had gotten it and remembered how no one wanted to listen to her.

"Amber, get your doll out of my kitchen. I don't even know how you were able to set it on the counter," her mother called out.

"I didn't. Sally got up there **on her own**," Amber tried to tell her, whining at her.

"Don't be silly, dolls can't talk or walk. They are **toys**," her mother **sighed**, rolling her eyes and shaking her head.

Amber took the doll and talked to it as if it were **alive**, as if it could hear her.

La riponeva sempre insieme alle sue altre bambole, ed ogni notte la sentiva scendere. Non sapeva dove l'avrebbe trovata al mattino, ma quando si svegliava, la bambola non era mai dove l'aveva lasciata la notte prima.

Quella sera era successo di nuovo, ma questa volta si era fermata **ai piedi del letto** di Amber.

"Ti vuoi **divertire**?" chiese Sally.

Amber spalancò gli occhi.

"No. È ora di andare a dormire." Amber scosse la testa, sapendo che se fosse scesa dal letto sarebbe finita nei guai.

"Dai, tua madre **probabilmente** starà dormendo." Sally ridacchiò e corse verso la porta della camera da letto, che veniva sempre lasciata **socchiusa** così che la camera di Amber non fosse mai completamente buia.

Amber scese dal letto non perché lo volesse, ma perché voleva vedere cosa stava combinando Sally.

She would put it up with her other dolls and every night she could hear it getting down. She didn't know where it would be in the morning, but when she woke up, the doll would be gone.

That evening it happened again, only this time it stopped **at the foot of** Amber's **bed**.

"Do you want **to have fun**?" Sally asked.

Amber's eyes grew wide.

"No. It's time for sleep." Amber shook her head, knowing if she got out of bed she would be in trouble.

"Come on, your mother is **probably** sleeping." Sally giggled and ran for the bedroom door that was always just **ajar** so that Amber could have the light like she needed.

Amber got out of bed, not because she wanted to but because she wanted to see what Sally was up to.

Era la prima volta che Sally le rivolgeva la parola.

It was the first time that she'd ever heard Sally talk to her.

Avrebbe voluto poter andare da sua madre, ma non le avrebbe creduto.

She wished that she could go to her mother, but she wouldn't believe her.

Nessuno l'avrebbe creduta.

No one would.

Sally corse per la casa ridacchiando, e finì nella camera della madre di Amber.

Sally ran around the house giggling and wound up in Amber's mother's room.

"Cosa stai facendo?" chiese Amber con voce **sommessa**.

"What are you doing?" Amber asked **in a hushed voice**.

"Possiamo **giocare al dottore**." Sally si arrampicò sul letto ed afferrò le **forbici** sul **comodino**.

"We can **play doctor**." Sally climbed up on the bed and grabbed the **scissors** from the **nightstand**.

"No," Amber rispose, quasi urlando.

"No," Amber almost shouted.

Sentiva la paura, sentiva le lacrime salirle agli occhi.

She felt the fear; she felt the tears coming to her eyes.

Il modo in cui Sally aveva detto quelle parole l'aveva impaurita: non sarebbe stata la prima volta che Sally faceva qualcosa di pericoloso.

The way Sally had said it sounded scary; it wouldn't be the first time that Sally had done something dangerous.

Sally prese le forbici, mentre Amber cercava qualcosa

Sally took the scissors, and Amber was looking for

dentro cui **catturare** Sally.

Nella camera c'era una lunga **cassa**. Doveva solo riuscire ad aprirla.

Tenendo d'occhio Sally, che si stava avvicinando sempre di più a sua madre con le forbici appuntite, aprì la cassa.

Sally aveva un braccio già sollevato, pronta a conficcare le forbici nella gola di sua madre, quando Amber la afferrò da dietro le spalle.

Sally urlò e la morse. Fece cadere le forbici, ed Amber la buttò nella cassa chiudendo il **coperchio** di botto.

Sentì il morso doloroso sul suo braccio.

"Amber, cosa ci fai qui?" le chiese sua madre, svegliata dalle urla di Sally provenienti dalla cassa.

"Devi aiutarmi." Amber iniziò a piangere.

"Cosa sta succedendo?" Si scostò le coperte di dosso e si avvicinò ad Amber, che stava

something that she could **capture** Sally in.

There was a long **chest** in the bedroom. All she had to do was get it open.

Keeping an eye on Sally, who was getting closer and closer to her mother with the pointed scissors, she flung the chest open.

Sally had her arm up in the air, ready to jab them into her mother's throat, when Amber grabbed her from behind.

Sally shouted and bit. She dropped the scissors, and Amber threw her into the chest, slamming the **lid** down.

She felt the painful bite on her arm.

"Amber, what are you doing in here?" her mother asked, waking up to Sally's shouts from the chest.

"You need to help me." Amber began crying.

"What is going on?" She flung the covers off her and walked over to Amber, who

lottando per tenere la cassa chiusa.

"Chi c'è lì dentro?" La osservò sua madre.

"Sally sta cercando di uscire. Sta cercando di uscire!" urlò Amber con le lacrime agli occhi.

"Sally non può animarsi!" Sua madre stava iniziando a stancarsi del fatto che Amber **incolpasse** Sally di tutto.

Una semplice bambola che non avrebbe potuto fare del male a nessuno.

"Non vuoi restare a letto, tutto qui," sospirò sua madre, spostando Amber da sopra la cassa.

L'unica **spiegazione** possibile era che Amber avesse invitato un'amichetta, e che stessero giocando. Anche se non ricordava che Amber avesse invitato qualcuno a casa.

Quando aprì la cassa, Sally saltò fuori con un pezzo di cornice rotta. Quando sua madre iniziò ad urlare, Amber sapeva che ormai era finita.

was fighting to keep the chest closed.

"Who do you have in there?" Her mother glared down at her.

"Sally is trying to come out. She's trying to get out!" Amber cried out, the tears coming to her eyes.

"Sally can't come alive!" Her mother was getting upset that Amber **blamed** everything on Sally.

A doll that couldn't do any harm to anyone.

"You just don't want to stay in bed," her mother sighed, taking Amber off the chest.

The only **explanation** was that Amber had a friend over and they were playing a game. Though she didn't recall Amber inviting a friend over.

When she opened the chest, Sally sprang out with a broken piece of picture frame. The second Amber's mother started screaming, she knew it was over.

81

Amber aveva cercato di dirglielo, ma lei non aveva voluto ascoltarla.

Le urla di sua madre si fecero sempre più forti, ed Amber si coprì le orecchie con più forza possibile e corse fuori dalla camera.

Corse fuori da casa sua allo stesso modo.

Non ci sarebbe voluto molto prima che qualcuno chiamasse la polizia, e che lei cercasse di raccontare loro l'accaduto. Glielo avrebbe raccontato come aveva già fatto centinaia di volte, e ancora una volta, non l'avrebbero ascoltata...

Fine

Amber had tried to tell her; she didn't want to listen.

Her mother's screams got louder and louder, and Amber covered her ears tightly as she ran from the room.

As she ran from the house.

It wouldn't be long until the police were called, and she would tell them the story. She would tell them like she'd told them a hundred times before, and once again they wouldn't listen to her...

The End

Vocabulary

Bambolina	Dolly
Dipinti	Painted
Abbinato	Matching
Da solo/Da sola	On his/her own
Giocattolo	Toy
Sospirare	To sigh
Viva	Alive
Ai piedi del letto	At he foot of the bed
Divertirsi	To have fun
Probabilmente	Probably
Socchiuso	Ajar
Con voce sommessa	In a hushed voice
Giocare al dottore	To play doctor
Forbici	Scissors
Comodino	Nightstand
Catturare	To capture
Cassa	Chest
Coperchio	Lid
Incolpare	To blame
Spiegazione	Explanation

Non è Reale

Era quello che cercava di dire a se stesso. Era la prima volta che invitava qualcuno a dormire a casa sua, e doveva convincere sé stesso che quello che stava vedendo sotto il letto erano solo le **scarpe con luci** che i suoi genitori gli avevano **comprato**.

A dieci anni non aveva paura di nulla. Beh, forse di una cosa. Quello che si trovava sotto il letto.

Durante il giorno non c'era niente, se non i suoi giocattoli, le sue scarpe e qualche album da colorare. Sua madre gli diceva sempre di pulire sotto il letto, o il **mostro del disordine** sarebbe uscito a prenderlo.

Era solo uno scherzo, e lui lo sapeva.

Quando calava la notte, però, non osava guardare sotto il suo letto. Non voleva vedere il mostro del disordine. Aveva addirittura chiesto a sua madre di lasciare accesa la luce del corridoio.

It's Not Real

That's what he tried to tell himself. It was his first sleepover, and he had to convince himself that all he was seeing under the bed were the **light-up shoes** that his parents had **bought** him.

At ten years old he wasn't scared of anything. Well, maybe one thing.

What was under the bed. Though in the daylight there was nothing but toys, his shoes, and some coloring books. His mother had always told him to clean them out from under his bed or the **mess monster** would come out and grab him.

Just a joke. He knew that.

When night fell, though, he didn't dare look under his bed. He didn't want to see the mess monster. He even had his mother leave the hall light on.

Quando lei gli aveva chiesto il perché, non le aveva dato una motivazione. In ogni caso, lei la lasciava accesa ugualmente.

Quella notte erano nella sua camera. Erano seduti **in cerchio** sul pavimento. Non poté fare a meno di guardare sotto il suo letto.

"Che problemi hai? Hai paura dell'**uomo nero**?" gli chiese il suo amico Tyler.

"No, non esiste niente del genere," osservò lui, desiderando che accedessero le luci anziché usare le torce.

La porta della sua camera era chiusa.

Non succedeva mai.

"So che non esiste, ma dovresti vedere la tua faccia." Tyler rise, indicandolo.

Si sentì lo zimbello delle battute di Tyler.

"Il mostro del disordine esiste, però." Non sapeva cos'altro dire, e lui stesso fece una **risata inquietante**.

When asked why, he wouldn't give her a reason, but she left it on just the same.

They were in his room that night. They were sitting around **in a circle** on the floor. He couldn't help but look under his bed.

"What is the matter with you? Are you afraid of the **boogeyman**?" his friend Tyler asked.

"No, there's no such thing," he glared, wishing they would turn on the lights instead of using the flashlights.

His bedroom door was closed.

That never happened.

"I know there isn't, but you should see your eyes." Tyler laughed and pointed at him.

He felt that he was the butt of Tyler's jokes.

"There is such a thing as the mess monster though." He didn't know what else to say as he gave an **eerie laugh** of his own.

85

Si puntò il fascio di luce della torcia sotto il viso per assumere un aspetto spaventoso.

"Sai che non esiste. **Finiscila con queste stronzate**." Tyler lo spinse leggermente.

Gli altri ragazzi si misero a ridere.

Si stavano solo divertendo.

"Vuoi sentire la storia del mostro del disordine oppure no?" chiese a Tyler, sollevando le **sopracciglia** anche se il suo cuore gli stava martellando contro il petto.

Riusciva a sentire il sudore comparirgli sul viso.

"Si, sentiamola." Tyler annuì con un **sorrisetto** sul viso.

"Il mostro del disordine esce solo quando è ora di andare a letto. Si **agita**, giocando con il disordine che hai lasciato sotto il tuo letto. Esce fuori lentamente, e si infila sotto le tue coperte. Non importa quanto te le stringa addosso. Il mostro del disordine riesce sempre a trovare un modo per

He put his face into the beam of the flashlight to make himself look scary.

"You know there isn't. **Cut the shit**." Tyler pushed him lightly.

The other boys laughed.

It was all fun and games.

"Do you want to hear the story of the mess monster or not?" he asked Tyler, raising his **eyebrows** though his heart was beating hard against his chest.

He could feel the sweat coming to his face.

"Yeah, let's hear it." Tyler nodded his head, a **tight smirk** on his face.

"The mess monster doesn't come out until bedtime. It **rattles around**, playing with whatever mess you left under your bed. Slowly, it creeps out and slithers into your blanket. It doesn't matter how tightly you bundle yourself up. The mess monster always finds a way to get to you. When it does, when

raggiungerti. Quando ci riesce, quando finalmente arriva a te, ti porta sotto il letto. Puoi combattere e puoi urlare, ma nessuno può sentirti. Sparirai per sempre, insieme al disordine che hai lasciato. Il tuo stesso disordine ti trascinerà sotto il letto, e nessuno ti vedrà mai più." Raccontò la storia con una voce sussurrata. I suoi occhi erano l'unica cosa visibile, nella luce della torcia che reggeva tra le mani.

Ci fu un silenzio inquietante, ed uno dei loro amici ne approfittò per toccare leggermente Tyler su una spalla. Quello fece un balzo, il cuore che batteva follemente.

"Non è vero. I mostri non esistono." Tyler osservò il loro amico. Tyler guardò anche lui.

"Allora perché sei spaventato?" gli chiese.

"Non lo sono," Tyler brontolò.

"No?" gli chiese.

"No," dichiarò fermamente Tyler.

it finally has you, it brings you under the bed. Fight and yell as loud as you might, but no one will ever hear you. Forever gone with the mess that you've left. Your own mess takes you under the bed, never to be seen again." He told the story in a whispered voice; his eyes were the only thing that showed in the light of the flashlight that he was holding.

It was eerily quiet, and one of their friends lightly tapped Tyler on the shoulder. He jumped, his own heart racing.

"That's not true. There is no such thing as monsters." Tyler glared at their friend. Tyler glared at him.

"Then why are you scared?" he asked.

"I'm not," Tyler grumbled.

"No?" he asked.

"No," Tyler stated firmly.

"Guarda sotto il mio letto. C'è un bel disordine là sotto," rise **sfidandolo**.

Tyler si girò e guardo sotto il letto dal punto in cui era seduto.

"No, devi guardare da vicino," sospirò, scuotendo la testa avanti e indietro.

Tyler **strisciò** fino al letto e vi infilò la mano sotto con il sorriso sul viso. Guardò il gruppetto di ragazzi.

"Te l'avevo detto che non esistono i-" la sua voce si spezzò.

Lo guardarono mentre veniva trascinato sotto il letto.

Cercarono di aiutare Tyler. Cercarono di tirarlo verso di loro. Gli afferrarono le **gambe**, i **fianchi**, ma la forza era molto più forte di loro.

Prima di riuscire a rendersene conto, Tyler era sparito! Non potevano aiutarlo in alcun modo. Tutti i ragazzi guardarono sotto il letto.

Tyler era sparito, e con lui il disordine sotto il letto. Era

"Look under my bed. There's a mess under there," he laughed, **challenging** him.

Tyler turned and looked under the bed from where he was.

"No, look closer," he sighed, shaking his head back and forth.

Tyler **crawled** over to it and shoved his hand under with a smile on his face. He looked at the group of boys.

"I told you there's no such thing as-" His voice was cut off.

They watched as he was being dragged under the bed.

They tried to help Tyler. Tried to pull him back towards the group. They grabbed his **legs**, his **hips** but the force was much stronger than he was.

Before they knew it, Tyler was gone! There was no way to help him. All the boys looked under the bed.

Tyler had disappeared and so had the mess that had been

vuoto. Non c'erano più nemmeno le scarpe con le luci che lo avevano spaventato la notte precedente.

Si girarono tutti a guardarlo.

"Era solo una storia. Ho **inventato** la storia, non era vera!" Scosse la testa, allontanandosi dagli altri.

Non sapeva come avrebbe **spiegato** quello che era successo. Nessuno gli avrebbe creduto.

"Non ne parleremo con nessuno. Tyler non è mai stato qui," sussurrò uno dei ragazzi, non volendo finire nei guai per una storia che non era minimamente credibile.

Quella notte, i ragazzi **strinsero un patto**. Tyler non si era fatto vedere, quella sera. Era un segreto che avrebbero **ricordato** per anni, e che avrebbero **portato nella tomba**.

Ora che sapeva che il mostro del disordine era reale, aveva iniziato ad assicurarsi che sotto il suo letto non ci fossero nemmeno le sue scarpe.

made. There was nothing under his bed. Not even his light-up shoes that had scared him last night.

They all looked at him.

"It was just a story. I **made up** the story. It wasn't real!" He shook his head, backing away from them.

He didn't know how he was going to **explain**. No one was going to believe him.

"This we keep to ourselves. Tyler was never here," one of the boys whispered, not wanting to get into trouble for something that wasn't believable.

That night, the boys **made a pact**. That Tyler had never shown up. It was a secret that they would **remember** for years to come and **take to the grave with** them.

Now that he realized the mess monster was real, he made sure not even to leave his shoes under the bed.

Da adulto sua moglie rideva di lui, lo prendeva in giro, ma se solo fosse stata lì quella notte, non lo avrebbe fatto.

Fine

As a grown man, his wife laughed at him, teased him about it, but if she had only been there that night, she wouldn't have.

The End

Vocabulary

Scarpe con luci	Light-up shoes
Comprare	To buy
Disordine	Mess
Mostro	Monster
Cerchio	In a circle
Uomo nero	Boogeyman
Risata inquietante	Eerie laugh
Finiscila con queste stronzate!	Cut the shit!
Sopracciglia	Eyebrow
Sorrisetto	Tight smirk
Agitarsi	To rattle around
Sfidare	To challenge
Strisciare	To crawl
Gamba	Leg
Fianco	Hip
Inventare	To make up (a story)
Spiegare	To explain
Stringere un patto	To make a pact
Ricordare	To remember
Portare nella tomba	To take to the grave with you

Tornano Sempre

Era ciò che i suoi amici avevano detto a Dillion una notte, prima che tornasse a casa. I morti tornano sempre. Quelli che non erano **passati dall'altra parte**.

Dillion ci stava pensando mente camminava da solo lungo la **strada sterrata**. Cercò di non pensare più a quelle cose. Cercò di **far camminare i suoi piedi un po' più velocemente**.

Era già in ritardo, e non voleva arrivare ancora più tardi e finire nei guai.

Sentì un fruscio nella **boscaglia** che portava ad un campo di grandi dimensioni.

I battiti del suo cuore si fecero più rapidi.

"Maledetti," mormorò.

Anche se non **imprecava** mai di fronte a sua madre, desiderava di essere già arrivato

They Always Come Back

That's what Dillion's friends had told him one night before he headed home. The dead. They always came back. The ones that hadn't **crossed over to the other side**.

Dillion thought about it as he walked the **dirt road** by himself. He tried to get the thoughts out of his head. Tried to **make his feet walk a little faster**.

He was already late; he didn't want to be any later and get into trouble.

In the **brush** that led out to a large field, he heard rustling around.

His heartbeat quickened.

"Damn them," he muttered under his breath.

Though he would never **cuss** in front of his mother; he wished that he was home

a casa. I suoi amici lo avevano preso in giro.

Sapevano che credeva negli spiriti. Che credeva che i morti potessero tornare.

Mentre continuava a camminare lungo la strada sterrata sentì un urlo **agonizzante**.

"È solo un **gufo**. L'hai già sentito centinaia di volte," sussurrò a se stesso sobbalzando, con la mente che pensava alle ipotesi più folli.

Avrebbe dovuto continuare a camminare, ad andare avanti, ma i suoi piedi lo fermarono.

Riusciva a vedere casa sua: la luce della veranda era stata lasciata accesa per lui.

Dillion riusciva a vedere sua madre: stava **lavando i piatti** mentre guardava fuori dalla finestra. Lo stava aspettando, ma non riusciva a vederlo.

I suoi piedi lo avevano portato sul ciglio della strada sterrata. Riusciva a vederla. Fece un respiro profondo ed espirò.

already. His friends had teased him.

They knew he believed in spirits. That he believed the dead could come back.

He heard an **agonizing** cry as he continued to walk the dirt road.

"A screech **owl**. You've heard it a hundred times before," he whispered to himself as he jumped, and his mind went wild.

He should've continued walking, he should've just kept going, but his feet stopped him.

He could see the house; the porch light was left on for him.

Dillion could see his mother, she was **doing the dishes** and looking out the window. She was waiting for him, but she couldn't see him.

His feet had moved him to the side of the dirt road. He could see her, he took a deep breath and let it out.

Sapere che lo stava aspettando avrebbe dovuto farlo continuare a camminare.

Knowing she was waiting for him should've kept him walking.

Non fu così.

It didn't.

"Mi aiuti, per favore?" Era la voce di una bambina.

"Help me, please, won't you help me?" The voice was of a little girl.

Poi si ricordò di quando era piccolo.

He had remembered back when he was little.

Eccola, era comparsa!

There she appeared!

Era vestita di bianco, circondata da un anello altrettanto bianco. Brillava.

In a white dress, a white ring surrounding her. She was glowing.

"Cassandra?" chiese lui, rimanendo **scioccato** quando lei gli sorrise annuendo con la testa.

"Cassandra?" he asked, **shocked** when she smiled and nodded her head at him.

Ma perché stava sorridendo?

Why was she smiling, though?

Ricordava quel tragico incidente.

He remembered the tragic accident.

Stava pedalando sulla sua bicicletta lungo la strada sterrata. Andava troppo veloce, e la strada sterrata incrociava quella trafficata.

She was riding her bike up the dirt road. She was going too fast, and the busy road met the dirt road.

Tutto qui: **in un batter d'occhi** non c'era più.

That was it, **in the blink of an eye** she was gone.

"Mi aiuti, per favore?" gli chiese di nuovo.

"Help me, please, won't you help me?" she asked him again.

Allungò la mano e lo prese per il **polso**.

She reached out and took his **wrist**.

La sua mano era gelida. Cercò di tirarsi indietro, ma non ci riuscì.

Her hand was ice cold, and he tried to pull away, but he couldn't.

Una forza potente lo stava spingendo verso i campi. Guardandosi alle spalle si accorse che non vedeva più casa sua.

A force so strong was making him go into the fields. Looking over his shoulder, he couldn't see his house anymore.

Non riusciva più a vedere sua madre, che aveva un aspetto preoccupato l'ultima volta che l'aveva vista sollevare lo sguardo dai piatti che stava lavando.

He couldn't see his mother, who had looked worried the last time he'd seen her looking up from the dishes that she was washing.

"Devo tornare a casa." Si schiarì la gola.

"I need to go home." He cleared his throat.

"Anche io devo tornare a casa," ridacchiò lei, facendolo addentrare sempre più nel campo.

"I need to go home too," she giggled, leading him further and further into the field.

Dillion sapeva dell'incidente. Non lo aveva visto. Nessuno lo aveva visto. Solo lei e l'autista.

Dillion knew about the accident. He hadn't seen it. No one had. Only her and the driver.

"Lo ha fatto **di proposito**," sussurrò lei.

"He did it **on purpose**," she whispered.

"Fatto cosa?" Dillion era confuso.

"Mi ha uccisa," rispose Cassandra, come se fosse stata una risposta semplice ad una domanda altrettanto semplice.

Fu allora che Dillion vide quella **baracca malmessa**. Era come se si fosse materializzata dal nulla.

Il padre di Cassandra era povero, ma non poteva permettere che la sua bambina dormisse per terra. Aveva costruito una baracca solo per loro due. Aveva posato il **pavimento** e l'aveva coperta con un **tetto di lamiera**. Avevano vissuto in quel modo, quando lei era una piccola.

"Papà." Sbirciò alla finestra.

Anche Dillion guardò dentro la finestra.

All'inizio non vide nulla. Poi, in un angolo della stanza, riuscì a vedere quello che sembrava un uomo anziano.

"Mi ha investita. Mi ha vista e mi ha investita con il suo

"Did what?" Dillion was confused.

"He murdered me," Cassandra answered, as if it was a simple answer to a simple question.

That's when Dillion saw the **rundown shack**. It was as if it had appeared out of nowhere.

Cassandra's father had been poor. He couldn't have her sleeping on the ground. He made a shack just for the two of them. Laid the **flooring** and put up the **tin roof**. They had lived like that when she was a little girl.

"Daddy." She peered through the window.

Dillion looked through the window, too.

He didn't see anything at first. Then, in the corner of the room, he could see what looked like an old man.

"He hit me. He saw me and he hit me with his **truck**."

furgone." Ora la sua voce era **arrabbiata**.

Her voice was **angry** now.

A Dillion si seccò la bocca.

Dillion's mouth went dry.

"Nessuno mi ha aiutata. Tu non mi hai aiutata, perché non mi hai aiutata?" Iniziò a piangere, lasciandogli la mano.

"No one helped me. You wouldn't help me, why wouldn't you help me?" She began to cry as she let go of his hand.

Dillion sapeva cosa aveva visto affacciandosi a quella finestra.

Dillion knew what he saw looking in through the window.

Sembrava quasi una sacca sgualcita piena di ossa.

It was as if it was a crumpled bag of bones.

Si girò e corse il più velocemente possibile per tornare a casa da sua madre. Non smise di correre fino a quando non ebbe raggiunto la veranda.

He turned and ran as fast as he could, going home to his mother. He didn't stop running until he reached the porch.

Dillion stava sudando, quando riuscì a chiudersi la porta alle spalle appoggiandovi contro la schiena.

Dillion was sweating when he slammed the door and pressed his back against it.

"Dillion, sai che ore sono? Sembra che tu abbia appena visto un fantasma," sua madre gli fece la **predica**.

"Dillion, do you know how late it is? It looks as if you've seen a ghost," his mother **lectured** him.

La voce di sua madre era il suono più bello che avesse

His mother's voice was the best sound he'd heard all night,

sentito quella notte, ma sapeva cosa doveva fare per Cassandra.

Doveva raccontare la storia di come era morta. Non era stato un incidente e forse, se avesse detto a qualcuno la storia che lei aveva raccontato a lui, sarebbe riuscita ad andare avanti.

Tornavano perché erano bloccati. **A volte** perché non credevano di essere morti.

Dillion si distese sul letto quella notte, e rimase a fissare il soffitto.

Sapeva come l'avrebbe aiutata. L'aveva lasciato andare per un motivo. Aveva uno scopo. Aiutarla, proprio come gli aveva chiesto.

"Ti aiuterò, Cassandra. Dirò le cose come stanno," sussurrò.

Dillion non dormì quella notte. Continuò a sentirla ridacchiare e giocare, pedalando sulla sua bicicletta sempre più velocemente verso la strada trafficata.

Fine.

but he knew what he had to do for Cassandra.

He had to tell the story of how she died. It was no accident, and maybe, just maybe, if he told someone the story that she had told him, she could move on.

They came back because they were stuck. **Sometimes** it was because they didn't believe that they were dead.

Dillion lay in bed that night, staring up at the ceiling.

He knew how he would help her. She let go of him for a reason. He had a purpose. To help her, just like she wanted.

"I will help you, Cassandra. I will set the story straight," he whispered.

Dillion got no sleep that night. He continued to hear her giggling and playing, riding her bike faster and faster towards the busy road.

The End.

Vocabulary

Passare dall'altra parte	To cross over the other side
Strada sterrata	Dirt road
Far camminare i piedi più velocemente	To make your feet walk faster
Boscaglia	Brush
Imprecare	To cuss
Agonia	Agony
Gufo	Owl
Lavare i piatti	To do the dishes
Scioccato	Shocked
In un batter d'occhi	In the blink of an eye
Polso	Wrist
Di proposito	On purpose
Confuso	Rundown
Baracca	Shack
Pavimento	Flooring
Tetto di lamiera	Tin roof
Furgone	Truck
Arrabbiato	Angry
Fare la predica a qualcuno	To lecture someone
A volte	Sometimes

Catturata

Stava correndo, cercando di scappare dall'uomo che aveva ucciso sua madre e suo padre. Cercando di scappare dall'uomo che sarebbe sempre riuscito a trovarla.

Il suo cuore batteva all'impazzata, mentre lei correva nel bosco. I suoi piedi le facevano male: correre **a piedi scalzi** nel bosco era più semplice che correre con le scarpe.

Erano distanti miglia dal resto del mondo. Lui aveva voluto così. Nessuno con cui parlare, nessuno che potesse aiutarla.

Era difficile vedere dove stesse mettendo i piedi: la sua vista era offuscata dalle lacrime che le **riempivano** gli occhi, scivolandole poi sul viso.

Fu allora che vide la luce. Sentì un sorriso spuntarle sul volto.

Una specie di capanna: doveva essere abitata, dal momento che all'interno c'era una luce accesa.

Captured

She had been running, escaping the man that had killed her mother and father. Trying to run from the man that would always find her.

Her heart was racing as she ran through the woods. Her feet hurt; running **barefoot** through the woods was easier than running in shoes.

They were miles away from everyone. It was what he had wanted. No one that she could talk to, no one that she could turn to.

It was hard to see where she was running; her eyes were blurred with the tears that were **filling** her eyes and spilling down her face.

It's when she saw the light. She felt a smile come to her face.

A shack of sorts, and someone had to live there if there was a light on.

Doveva per forza esserci qualcuno in grado di aiutarla.

Una volta raggiunta la capanna, iniziò a **colpire** la **porta**. Si guardò alle spalle. Non pensava che la stesse ancora inseguendo.

Nessuna risposta. Cercò di girare il pomello, che cedette senza sforzi quando spinse la porta.

Era dentro la capanna. Era al sicuro. O almeno, così pensava. Chiuse la porta a chiave e vi appoggiò contro la schiena.

Fu allora che i suoi occhi riuscirono a focalizzarsi sull'ambiente che la circondava.

I **muri** della capanna erano **ricoperti** di **vasetti** colmi di un liquido trasparente. Avvicinandosi ad essi, si rese conto che all'interno c'erano degli occhi umani!

Occhi di un azzurro cristallino. **Il più bell**'azzurro che avesse mai visto.

Si coprì la bocca per non lasciarsi sfuggire un urlo.

There just had to be someone who could help her.

She **banged on** the shack **door** when she reached it. She looked over her shoulder; she didn't believe that he was giving chase anymore.

There was no answer at the door. She tried the knob, and it turned easily as she pushed against the door.

She was in the shack. She was safe. At least, that's what she thought. Locking the door, she pressed her back against it.

That's when her eyes came into focus.

Lining the walls of the shack were **jars** filled with a clear liquid. The closer she got to them, the more she realized they were human eyes!

Eyes that were crystal blue. **The prettiest** blue that she'd ever seen.

She covered her mouth to keep herself from screaming.

Le sue gambe erano **graffiate** dai rami e **ramoscelli** che aveva calpestato correndo.

Camminò per la capanna, e vide che su un altro scaffale c'erano delle lingue. Lingue che erano state **tagliate da** degli esseri umani, e lei **tirò fuori la sua stessa lingua** per confrontarla con quelle che stava osservando.

Un forte colpo alla porta la fece saltare!

"So che sei lì dentro. Dammi quello che voglio," **ringhiò** lui attraverso la porta.

I suoi pugni colpirono la porta. Era una porta **fine**. Una porta vecchia. Sapeva che presto sarebbe riuscito a buttarla giù.

Stava cercando una via d'uscita, ma non ce n'erano. Solo quattro mura. L'unica uscita era la porta che aveva oltrepassato per entrare.

Iniziò a piangere di nuovo, quando la porta venne **sfondata**.

Her legs were all **scratched** up from the branches and **twigs** that she had run through.

She walked around the shack and saw that on another shelf there were tongues. Tongues that had been **cut out** of human beings, and **she stuck her own tongue out** to match it with the ones that she was seeing.

A pounding on the door made her jump!

"I know you're in there. Give me what I want," he **growled** through the door.

His fists beat on the door. It was a **thin** door. An old door. She knew soon he would break through it.

She was looking for an escape, and there was none. Just four walls. The only exit was the door she had walked in through.

She began crying again when the door was **busted down**.

"Come hai potuto farlo?"
Scosse la testa avanti e indietro.

Lui aveva un coltello in mano, e lei sapeva cosa avrebbe fatto.

"Pensavo che mi conoscessi. Siamo **sposati** da anni e non mi hai mai chiesto dove andassi," rise lui.

Prendendola per la **nuca**, le **diede una testata** con tutta la forza che aveva in corpo.

Lei cercò di non perdere conoscenza. Cercò di restare concentrata su di lui.

La sua visione divenne sfocata, e non vide altro che il buio.

Aveva perso.

Gli ci erano volute ore, ma finalmente era **riuscito** ad ottenerli.

Un nuovo **paio** di **occhi** blu che sarebbero diventati ancora più blu. Un'altra lingua **fresca** che non si sarebbe mai **seccata**, anche anni dopo la sua partenza.

"How could you do this?"
She shook her head back and forth.

He had a knife in his hand, and she knew what he was going to do.

"You thought that you knew me. We've been **married** for years, never once had you asked where I was going," he laughed.

Taking her by **the nape of her neck he head-butted** her as hard as he could.

She tried not to lose consciousness. Tried to stay focused on him

Her eyes lost focus, and she saw nothing but darkness.

She had lost.

It took him hours, but he had finally **managed** to get them.

A new **set of** blue **eyes** that would only turn bluer. Another **fresh** tongue that would never **shrivel**, even long after he was gone.

Fine   The End

Vocabulary

A piedi scalzi	Barefoot
Era difficile vedere	It was hard to see
Riempire	To fill
Colpire la porta	To bang (on a door)
Ricoprire i muri	Lining the walls
Vasetto	Jar
Il più bello	The prettiest
Graffiato	Scratched
Ramoscello	Twigs
Tagliare	To cut out
Tirare fuori la lingua	To stick your tongue out
Ringhiare	To growl
Fine	Thin
Sfondato	Busted down
Sposato	Married
Prendere per la nuca	Nape of the neck
Dare una testata	To head-butt someone
Paio di occhi	Set of eyes
Fresco	Fresh
Seccare	To shrivel

Made in the USA
Middletown, DE
24 February 2021

34321964R00060